Biblioteca de Derecho y Nuevas Tecnologías

Giovanni Maria Riccio
Oreste Pollicino
(Directores)

Carlos Antonio Agurto Gonzáles
Sonia Lidia Quequejana Mamani
Benigno Choque Cuenca
(Coordinadores Generales)

Vittorio Frosini
Profesor Emérito Universidad de Roma «La Sapienza»
(Italia)

Cibernética, Derecho, Internet y Sociedad

Prólogo de
Antonio-Enrique Pérez Luño
Profesor Emérito de la Universidad de Sevilla
(España)

Edición al cuidado de
Carlos Antonio Agurto Gonzáles
Sonia Lidia Quequejana Mamani
Benigno Choque Cuenca

Ediciones Olejnik

Título: Cibernética, Derecho, Internet y Sociedad

Traducción de Carlos A. Salguero-Talavera
y Ramón L. Soriano Díaz (Apéndice)

Huérfanos 611, Santiago - Chile
E-mail: contacto@edicionesolejnik.com
Web site: http://www.edicionesolejnik.com

Primera edición en ediciones Olejnik: 2019

ISBN: 978-956-392-550-0

Diseño de Carátula: Ena Zuñiga
Diagramación: Luis A. Sierra Cárdenas

Impreso en Argentina 2019 Printed in Argentina

ÍNDICE

III

LA IDEOLOGÍA CIBERNÉTICA

IV

LA CONCIENCIA ARTIFICIAL

V

ÉTICA Y CIBERNÉTICA

APÉNDICE I
EL HORIZONTE JURÍDICO DE INTERNET

APÉNDICE II
PROBLEMAS JURÍDICOS DEL DESARROLLO DE LA INFORMÁTICA
Y DE LA INFORMACIÓN

PRÓLOGO

En pocas ocasiones le es dado a una obra jurídica conjugar a un tiempo, en sí misma, los valores de novedad y clasicismo. Las más de las veces el presente apremia con tal fuerza que impide trascender lo efímero, o es el pasado el que estimula la búsqueda de lo pretérito para evocarlo o restaurarlo. De un libro dirigido al análisis de las repercusiones del más moderno sector de la tecnología en la experiencia social y jurídica parece que debe esperarse una apología del progreso, o su rechazo global en nombre de los ideales de la tradición. Debo indicar, de inmediato, que a ninguno de estos propósitos responde el contenido del volumen Cibernética, derecho, internet y sociedad, *de Vittorio Frosini, que ahora aparece en lengua castellana. El profesor de Filosofía del derecho de la Universidad de Roma, condición a la que aúna desde fecha reciente la de miembro del* Consiglio Superiore della Magistratura[1], *se ha impuesto como tarea prioritaria ofrecer en este libro unas claves hermenéuticas para la comprensión precisa e interdisciplinar[2] del fenómeno cibernético en las esferas social y jurídica. Al hacerlo ha sabido huir de cualquier pacto de sumisión a los dictados de lo coyuntural, para buscar lo perdurable en la problemática de nuestra época y en los nudos de nuestra cultura. De ahí que si por obra clásica se entiende aquella que toma consciencia de los signos de su tiempo para pensarlos e interpretarlos certeramente, sabiendo trascender lo pasajero en aras de lo que permanece durando cuando los tiempos pasan y cambian, no cabe duda de que las reflexiones de Frosini cumplen cabalmente esta condición.*

Coincidiendo con las perfecciones aportadas, en el plano material de la existencia, por los inventos más sofisticados e inverosímiles el ciudadano de la sociedad tecnológicamente avanzada se siente crispado o atemorizado porque presume que las conquistas del progreso se ven contrapunteadas por graves amenazas para su libertad, su identidad o incluso su propia supervivencia. La ciencia y la tecnología han mante-

---

1 Para un perfil biográfico-intelectual del autor, cf. mi *Introducción al pensamiento filosófico-jurídico de Vittorio Frosini*, estudio preliminar de la trad. cast, de *La estructura del derecho,* Publicaciones del Real Colegio de España, Bolonia 1974; así como mi artículo *Tradizione e novità ne «La strutura del dirito» di Vitorio Frosini*: Rivista Internazionale di Filosofia del Diritto (1973) 315 y ss.

2 Para lo que ha jugado un papel decisivo el que se conjuguen en Frossini simultáneamente su condición de filósofo, jurista, sociólogo, comentarista político y experto conocedor de la tecnología contemporánea.

nido en los últimos años un ritmo de crecimiento exponencial, que no ha tenido siempre puntual reflejo en la evolución de la consciencia ética de la humanidad. Por ello, las trampas liberticidas subyacentes en determinados empleos abusivos de la cibernética o de la informática, el peligro de la catástrofe ecológica, o la psicosis de angustia que genera la amenaza latente de un conflicto atómico, son el trasfondo terrible que acecha y amenaza con invalidar los ¡ogros del progreso. Entendiéndolo así Frosini, tras un amplio y cuidado justiprecio de los principales planos de incidencia social y jurídica de la cibernética, sitúa el centro de gravedad de su meditación en valorar desde premisas éticas la significación y el porvenir de la técnica. En su opinión, es necesario prevenir la posible mudanza de la condición humana bajo el imperio de la cultura cibernética. En especial, debe ser motivo de cavilación la hipótesis de que la conciencia interna o ética autónoma del individuo sea absolutamente sofocada por la absorbente tendencia alienadora de una conciencia externa o heterónoma, expresión del pensamiento tecnológico. El derecho adscrito tradicionalmente al ámbito de las disciplinas humanísticas pertenece, bien que radicado en la era tecnológica, a la naturaleza y a la historia del hombre al ser forma normativa de su existencia. No en vano el derecho, la economía, la organización social, la ciencia y la tecnología de la era cibernética, en cada uno de las cuales se desenvuelve la conciencia humana conforme a nuevas estructuras del actuar y del conocer, pertenecen a la naturaleza y a la historia del hombre, contribuyendo a ampliar su horizonte. De ahí, que el hombre, al avanzar en la edad nueva, ya dirija su capacidad cognoscitiva y operativa a una materia nueva, ya trate de forma nueva las materias de siempre, sigue siendo él mismo, que vive en un tiempo diverso y que se hace diverso en un mundo que continúa siendo el mundo del hombre[3]*. Solo en un mundo en el que incluso los fines vinieran determinados de forma automática, la cultura podría ser absorbida por la técnica. Las posibilidades y fines ofrecidos a la actuación del hombre serían absolutamente previsibles y controlables por la ciencia. Sin embargo, en tal situación el hombre, tras haber conseguido un máximo nivel de racionalidad en el control del Universo, se hallaría huérfano de ideales y fines; le faltaría la voluntad necesaria para dar un sentido a la historia y, en consecuencia, cualquier capacidad para entenderla.*

***

Conviene advertir que la clara opción humanista y el estricto compromiso ético de Frosini no significan que el plano orbital de sus reflexiones se sitúe fuera del sistema de conceptos, del método y del aparato operativo de la tecnología. En otros términos, el punto de vista de Frosini es interno, en cuanto comporta una asunción consciente y crítica del modus operandi *cibernético, no limitándose a la descripción externa de sus repercusiones en la vida social y en el derecho.*

De igual modo que hoy se tiende a trazar una neta distinción, en otra esfera de los estudios jurídicos, entre la jurisprudencia sociológica —esto es, la teoría jurídica que muestra una especial sensibilidad hacia la dimensión social del derecho— y la

---

3 Cf. ap. V, n. 9.

sociología del derecho que implica la proyección del método sociológico al estudio de la realidad jurídica, es preciso diferenciar la jurisprudencia tecnológica de lo que denomina Frosini como juritécnica. La primera aludiría a los estudios de aquellos juristas más interesados en la incidencia del progreso tecnológico en las transformaciones de la experiencia jurídica, mientras que la segunda supone la aplicación teórica o práctica de la tecnología cibernética o informática al derecho. La juritécnica, en palabras de Frosini, consiste «en la producción en acto de metodologías operativas en el campo del derecho, resultantes de la aplicación de procedimientos e instrumentos tecnológicos»[4]. Supone así un «símbolo semántico» que engloba a un tiempo a la juscibernética (tratamiento automático de datos jurídicos como metodología lógico-operativa dirigida al logro de un derecho artificial, así como teoría de los circuitos de control y autorregulación en el derecho) y a la informática jurídica (teoría de la elaboración automática de la información y de la documentación jurídica).

Hechas estas precisiones, resulta evidente la clara significación juritécnica de Cibernética, derecho, internet y sociedad, obra que no se limita a hacerse eco de la presencia tecnológica en la experiencia social y jurídica, sino que analiza desde dentro los procesos operativos de la cibernética en el derecho y en diversos sectores de la estructura social.

En ninguna etapa de su desenvolvimiento histórico ha sido el derecho totalmente ajeno al desarrollo de la ciencia y de la técnica. La teoría aritmética de la justicia en los pitagóricos, las concepciones jurídico-políticas de Lulio, de Bacon, de Leibniz o de Wolff no hacen sino reflejar la incidencia del progreso científico-técnico de su tiempo. En el siglo XIX, la difusión de la mentalidad positivista propició un clima ampliamente favorable a la penetración de la tecnología y de la ciencia en los dominios del derecho. Ahora bien, si la jurisprudencia tecnológica cuenta con una larga tradición, que ha podido servir de estímulo para la configuración disciplinaria de lo que ahora se considera como la juritécnica, no por ello deben confundirse sus respectivos planos operativos.

***

La primera edición de Cibernética, derecho, internet y sociedad *apareció en 1968, en un momento clave para la decantación del interés de la ciencia y de la filosofía jurídica europea por el estudio de las aplicaciones de la cibernética en el derecho. Es el momento de las experiencias pioneras del CREDOC belga; del Conseil d'Etat, de la Universidad de Montpellier y de los centros CRIDON en Francia; del Centro per la Documentazione Automatica de Milán, del «massimario» de la Corte di Cassazione y del Istituto per la Documentazione Giuridica de Florencia, en Italia; de los sistemas EREDO, JURADAT, SEDOC en la República Federal de Alemania; de los estudios realizados en la Universidad de Oxford, en Gran Bretaña; así como de los trabajos del Ministerio de Justicia, del de Asuntos Exteriores, de la Presidencia del Gobierno y del Colegio de Abogados de Barcelona, en España. Es también entonces*

---

4 V. Frosini, *La giuritecnica; problemi e proposte:* Informatica e Diritto I (1975) 28.

cuando casi sincrónicamente a la obra de Vittorio Frosini aparecen los trabajos de Luden Mehl, Pierre Catalá, Spiros Simitis, Ulrich Klug, Herbert Fiedler, Wilhelm Steinmüller, Colín Tapper, Mario Losano, Viktor Knapp, Miguel Sánchez Mazas, Ramón Villanueva, Miguel López-Muñiz y un largo etcétera en el que se me podría considerar incluido[5]. *Pero lo más sorprendente es que la mayor parte de aquellas experiencias y trabajos teóricos tuvieron como fecha aproximada de iniciación precisamente el año 1968, por lo que de aplicarse a este dato el modelo explicativo de las generaciones, podría hablarse de la generación del 68 para aludir a aquel amplio grupo de estudiosos unidos por la común preocupación del análisis de las relaciones entre la tecnología electrónica y el derecho.*

Las causas de esta coincidencia de inquietudes estimo que son de diversa naturaleza. Pueden reseñarse, entre los acontecimientos que propiciaron dicho interés, la importancia que por aquel entonces había adquirido ya en Europa el empleo de los ordenadores en la industria, la gestión empresarial y bancaria, así como en algunas esferas del sector público. De otro lado, la progresiva difusión entre los juristas europeos de las experiencias y estudios teóricos realizados en los EE.UU. y en la U.R.S.S., sin duda los modelos más avanzados en lo referente a la aplicación de la cibernética y la informática al derecho, contribuyó también a suscitar el interés por la materia. Pero, al margen de estos factores, existe un hecho especialmente significativo que se produce también en 1968 y que da lugar a una serie de transformaciones sociales, culturales y políticas. Es una constante en la filosofía de la existencia la distinción entre el tiempo físico, objetivado en magnitudes cronometrables, y el tiempo existencial que, en el plano colectivo, marca el ritmo de los acontecimientos históricos y, en el individual, el de las experiencias más decisivas de cada sujeto. Pues bien, la crisis de las estructuras universitarias, con clara incidencia en las socio-políticas, que tiene su punto álgido en los acontecimientos del Mayo francés del 68, tuvo también su puntual repercusión en el mundo del derecho, actuando como acicate para la búsqueda de nuevas soluciones a los nuevos problemas que la crisis, en casi todos los sectores de la vida social, estaba reclamando con urgencia. Si es cierto que, como escribiera Hegel, «el búho de Minerva despliega sus alas al atardecer»[6]*, no debe extrañar que fuera precisamente en esa atmósfera de transformaciones y cambios sociales en la que afloraran y tomaran cuerpo las tentativas de situar la experiencia jurídica a la altura de los nuevos apremios.*

A partir de entonces, y en la medida en que los ordenadores se han convertido en un elemento de la vida cotidiana, se advierte una multiplicación de los esfuerzos individuales y colectivos encaminados a hacer fluida la comunicación entre el mundo de las máquinas y el de los hombres. En particular, se ha llevado a cabo una notable labor por parte de los sectores más actualizados de la ciencia y de la filosofía jurídica por suscitar entre los juristas una «consciencia tecnológica», esto es, una actitud re-

[5] Sobre estas experiencias e investigaciones cf. mi vol. *Cibernética, informática y derecho. Un análisis metodológico,* Publicaciones del Real Colegio de España, Bolonia 1976.

[6] G.W.F. Hegel, *Grundlinien der Philosophie des Rechis* (Vorrede), en *Werke in zwanzig Bänden* 7, Suhrkamp, Frankfurt a. M., 1970, 28.

flexiva, crítica y responsable ante los nuevos problemas que en las diversas esferas del acontecer social suscita la tecnología, y ante los que el derecho no puede permanecer insensible. No en vano nos recuerda el propio Frosini, en una de sus más recientes publicaciones, que el papel del jurista de la hora presente debe ser el de un hombre comprometido con su tiempo, «de un intelectual de la edad tecnológica, de un demiurgo de una civilización más racional, esto es, más cercana a la imagen ideal del hombre»[7]. *A justificar cumplidamente esta propuesta se encamina la lúcida exposición del libro que ahora se ofrece a los lectores de habla hispana.*

Antonio-Enrique Pérez Luño
Profesor Emérito de la Universidad de Sevilla
(España)

[7] V. Frosini, *Il diritto nella società tecnologica,* Giuffrè, Milano 1981, 270.

I

EL DERECHO ARTIFICIAL

1. ÉTICA Y LÓGICA EN LA EXPERIENCIA JURÍDICA

En la historia del pensamiento jurídico puede observarse una oscilación constante entre dos polos de intereses, los mismos que dan lugar a una tensión que es característica del procedimiento de interpretación y de aplicación de la ley. Por un lado, el principio ético, esto es, el complejo de valores humanos, en el que dicho principio se expresa, y constituye una fundamental atracción para el espíritu del jurista en su labor de actuación del Derecho. El jurista tiende a adecuar la norma legal y el sentido de ésta a las exigencias y los requerimientos a que debe responder en el ambiente social donde vive; de no lograr tal adecuación puede recurrir a un sentido no formulado pero que considera implícito en la norma misma, de la cual se sirve para evidenciarlo. Por otro lado, la necesidad de asegurar una coherencia, lo más estrecha posible, entre la disposición legislativa y su manifestación en la práctica judicial, como también aquello que el jurista pretende claramente salvaguardar —esto es, el elemento racional de su comportamiento jurídico—, empuja al intérprete del Derecho a inclinarse por el principio lógico, o formal, de la jurisprudencia. Hay siempre, por esto, dos tendencias que contrastan entre sí, de las cuales —a veces una y a veces la otra— surge prevaleciendo en determinados períodos de la historia, de conformidad con ciertas condiciones sociales o, más específicamente, con ciertas situaciones culturales dentro de las que opera la jurisprudencia.

Para limitarnos a ejemplos dados por épocas que nos son más cercanas, se sabe que en el siglo XVIII se invocó el método de la aplicación mecánica de la ley por el juez; en el XIX, por el contrario, se actuó protestando contra el racionalismo jurídico y se hizo valer el «espíritu del pueblo». El desarrollo posterior de la legislación y el relativo mito legislativo condujeron, por contraposición, a auspiciar a principios del siglo XX el «Derecho libre» es decir, aquel emanado directamente del juez en razón a una abierta adhesión al aspecto ético de toda acción judicial. El período de entreguerras se caracterizó, al menos en Italia, por la prevalencia de una concepción enteramente positivista, enteramente técnica y enteramente formalista del Derecho, a partir de la cual se derivó, entre otras cosas, una ruptura entre hecho y valor, entre lógica y ética, que se evidencia, por ejemplo, en la loa de la «certeza del Derecho», en aquellos años en que precisamente estaban por derrumbarse construcciones jurídicas íntegras con el estallido ya inminente de las contiendas bélicas.

2. DEL «DERECHO NATURAL» AL «DERECHO ARTIFICIAL»

En la Europa devastada al final de la Segunda Guerra Mundial, aparece a los ojos de los estudiosos como si el mundo íntegro de la jurisprudencia se hubiese «salido de sus casillas», para repetir las palabras de Hamlet. Francesco Carnelutti, a quien puede considerarse como el más famoso jurisconsulto italiano de su tiempo, llegó a escribir en 1945:

> La crisis del Derecho, de la que nunca en el mundo se habría podido imaginar otra igual, porque todas sus instituciones, de la ley al contrato, del proceso al delito, del poder al deber, han sido sacudidas –más bien demolidas–, no es y no podría ser sino uno de los aspectos del trágico epílogo de un desvío de la humanidad...»[1]

Estas frases pertenecen a un trabajo titulado, muy significativamente, *Moral y Derecho*, con el que dio comienzo en Italia el género particular de literatura jurídica que puede denominarse «literatura sobre la crisis del Derecho», de la cual el propio Carnelutti fue uno de los exponentes más autorizados, llegando al punto de dedicar otro estudio suyo a *La muerte del Derecho*[2]; del Derecho positivo, se entiende, dado que Carnelutti, que durante un tiempo había sido sostenedor de una doctrina abiertamente positivista del Derecho, defendía ahora su orientación hacia una revaluación total del jusnaturalismo de la tradición católica.

También en Alemania, por otra parte, Gustavo Radbruch, quien era quizás el filósofo del derecho más destacado de la época, se convirtió al jusnaturalismo, oponiendo en ese momento a la expresión *Gesetz ist Gesetz* (la ley es la ley) otra fórmula suya, que sirvió como título a un corto escrito suyo de 1946, *Gesetzliches Unrecht und übergesetzliches Recht;* esto es «Injusticia legal y Derecho supralegal»[3].

De este modo se ha asistido en Europa, en la segunda mitad del siglo XX, a un renacimiento del «Derecho Natural», o sea a una revalorización de los

---

1 F. Carnelutti, *Morale e diritto*, en el fascículo dedicado a *La crisi dei valori* del «archivio di Filosofia», 1945; publicado de nuevo en *Discorsi intorno al diritto* II, Cedam, Padova 1953, 3 l y ss.

2 Cf. el estudio de G. Tarello, *Sui problema della crisi del diritto*, Giappichelli, Torino 1957, con bibliografía sobre el tema; por último, G. Lumia, *Sulla crisi del diritto*, est. de *Il Circolo Giuridico L. Sampolo*, Tip. Montaina, Palermo 1965.

3 Sobre Radbruch, cfr. M. A. Cattaneo, *L'ultima fase del pensiero di G. Radbruch: dal relativismo al giusnaturalismo:* Rivista di Filosofia L (1959) 61 y ss.

principios éticos que sirven para justificar los mandatos de la ley y la obediencia que se les debe, así como para contrastar el imperativo mismo de la ley, cuando éste aparezca contrario a la conciencia moral; lo cual, de otro lado, ha surgido complementariamente con la reafirmación de los «derechos inviolables del hombre», en las Constituciones de la posguerra. En estos últimos años, empero, se ha podido advertir un cambio cada vez más marcado respecto a los intereses y a la tendencia de la lite -atura jurídica, una mutación de la atención hacia los aspectos semánticos, lógicos y tecnológicos del Derecho y una manifiesta indiferencia o intolerancia por los aspectos «ideológicos» o emocionales del Derecho como tal. Con el advenimiento de la era de la cibernética ha surgido, a manera de respuesta, el problema del «Derecho Artificial»; expresión que se emplea aquí a propósito para contraponerla a la de «Derecho Natural», considerando que la antítesis de la naturaleza, la *physis* de los griegos, es precisamente aquella que los propios griegos llamaron *tecné,* es decir, la creación artificial.

3. LA DIMENSIÓN LÓGICA DEL DERECHO ARTIFICIAL

La nueva perspectiva que se ha abierto consiste en la posibilidad de valerse de las invenciones electrónicas para solucionar problemas de orden jurídico. El punto de mediación o, por así decirlo, el puente de paso que ha permitido asociar la cibernética con la jurisprudencia ha sido la posibilidad del uso de la lógica simbólica en el ámbito cultural de los estudios jurídicos a los que ha sido trasplantada desde el campo de los estudios de filosofía matemática, donde hasta la mitad del siglo pasado recibió un impulso nuevo, gracias a la obra de Boole[4]. Como se ha observado justamente, es, en realidad, gracias a la presentación lógicamente impecable de los términos —lo cual logra efectivamente la lógica simbólica— como el jurista recurre a una computadora electrónica, sirviéndose de ella para los fines del cálculo lógico[5]. El jurista debe efectuar, por lo tanto, una labor de reducción del problema jurídico a su dimensión lógica, a fin de someter dicho problema a un proceso de transformación que se realiza de manera rigurosamente tecnológica y cuyo resultado será la obtención de un producto que puede considerarse de *Derecho Artificial,* es decir, debido a un razonamiento perfectamente objetivo o, mejor, totalmente tecnificado.

---

[4] L. J. Loevinger, *An Introduction to Legal Logic*: Indiana Law Journal 27 (1952) n. 4, 471 y ss. (del cual existe una traducción en castellano, *Una introducción a la lógica jurídica,* efectuada por J. P. Brutau, Bosch, Barcelona 1954), que ofrece una explicación clara de tal proceso. Respecto a la aplicación de la lógica matemática moderna en el campo cibernético, cf. F. Kort, *Simultaneous Equations and Boolean Algebra in the Analysis of Judicial Decisioni,* en H. W. Baader (ed.), *Jurimetrics,* Basic Books, New York 1963, 143 y ss. En general, cf. el trabajo de G. A. Conte, *Bibliografia di logica giuridica*: Rivista internazionale di filosofia del diritto XXXVIII(1961) 120 y ss.; *ibidem* XXXIX (1962) 45-6.

[5] I. Tammelo, *Law, Logic, and Human Communication:* ARSP (Archiv für Rechts und Sozialphilosophie) L/3 (1964) 359. Cf. la razonada confirmación de esto en S. Valsesia, *Evoluzione dei linguaggi degli elaboratori elettronici,* Boringhieri, Torino 1965, 97.

Este cambio de dirección en el interés de los estudiosos de los problemas jurídicos, esta acentuación de la importancia de la lógica y de la técnica, corresponden además a la influencia que sobre las ciencias humanas están ejercitando los progresos actuales de la tecnología, la misma que se manifiesta igualmente en campos que van de la Sociología a la Lingüística. Un ejemplo de este neutralismo emocional está en advertir el eclipse de las ideologías políticas que caracterizaron la atmósfera espiritual de la posguerra inmediata y en la confianza puesta en una tecnocracia política capaz de dar soluciones óptimas, por ser simplemente técnicas y racionales, a los problemas de naturaleza social. Otro ejemplo, muy sugestivo para el hombre común, es el dado por los estudios que ya han llegado a su término, respecto a la construcción de una máquina que puede traducir un discurso de un idioma a otro, esto es, efectuar un trabajo intelectual que hasta la fecha parecía reservado solo a la capacidad del hombre vivo, pensante y hablante.

¿Es posible, en la práctica, aplicar a la ley una metodología que la convierta efectivamente, según las palabras de Aristóteles, en una «inteligencia desprovista de pasiones», es decir, inspirada por una racionalidad pura? A lo largo del presente estudio trataremos de examinar las posibilidades teóricas y prácticas con que se cuenta para la realización de una hipótesis científica como ésta, y, por consiguiente, examinaremos los límites que se den en la tentativa de trasladar la hipótesis a los hechos. Bajo este supuesto, la nuestra desea ser una investigación crítica de un experimento todavía en curso, pero que fascina al pensamiento jurídico más avanzado.

4. LOS DOS GRANDES LABORATORIOS DE DERECHO ARTIFICIAL: LOS EE.UU. Y LA URSS

Los estudios y las tentativas ejecutadas, siguiendo la dirección nueva de pensamiento que hemos señalado, han tenido lugar principalmente en los Estados Unidos de América y en la Unión Soviética; o sea, en dos países en los que el progreso científico y tecnológico, unido a la segunda revolución industrial (aquella que empieza con el advenimiento de la automatización y del control electrónico), ha significado los triunfos más relevantes sobre todo en lo relacionado a los nuevos campos de experiencia con misiles y en astronáutica. En estos países, de otro lado, el culto a la eficiencia técnica (condicionada por la producción industrial de tipo estándar) y la aceptación general del principio de someter el comportamiento social a un sistema de valores impuesto por la racionalización del sistema económico, facilitan ciertamente el interés por tales investigaciones, más del que pueda darse en cualquier otro país[6].

---

[6] Las afinidades de la sociedad industrial estadounidense y soviética han sido señaladas por R. Aron, *Dix-huit leçons sur la société industrielle,* Gallimard, París 1962.

Aunque no han faltado contribuciones teóricas provenientes de otras partes, es principalmente en los EE.UU. y en la URSS, donde se ha podido intentar la aplicación práctica (por lo menos en una etapa experimental) de los métodos e instrumentos electrónicos a la problemática de la jurisprudencia, tanto bajo el punto de vista de la previsión probabilística de la conducta de los jueces (en los Estados Unidos), cuanto desde el punto de vista del cálculo algorítmico de los datos de una sentencia judicial (en la Unión Soviética). Debe tenerse en cuenta además el hecho de que en ambos países se ha organizado debidamente un cuerpo de científicos investigadores, de profesores y de técnicos en el campo de la aplicación de la cibernética al Derecho, provisto de considerables medios económicos.

Recordemos que en los Estados Unidos se viene publicando desde 1959 una revista trimestral dedicada exclusivamente al tipo de problemas mencionado, titulada *Modern Uses of Logic in Law* («MULL»), editada por el llamado Committee on Electronic Data Retrieval, constituido por la American Bar Association, en colaboración con la Yale Law School[7]. A partir de entonces han sido numerosos los congresos de estudiosos americanos dedicados a estos problemas. En los Estados Unidos entró en funciones, por primera vez en 1962, en la Antitrust División del Department of Justice una máquina electrónica (llamada LEX), expresamente diseñada y construida para su empleo en el manejo cibernético de datos jurídicos. En la Unión Soviética existe, a su vez, una sección legal que forma parte del Comité Científico para la Cibernética, en el seno de la Academia de Ciencias de la URSS, y cuyo objeto es recolectar y coordinar el trabajo teórico y práctico desarrollado en el ámbito del sistema soviético, con vistas a la aplicación de los instrumentos y de los métodos cibernéticos en el campo de las investigaciones jurídicas.

5. DE LA CIBERNÉTICA A LA JURIMETRÍA

El primero en haber establecido un vínculo de unión entre la cibernética y el Derecho ha sido el propio inventor de la palabra y, en gran parte, de la ciencia cibernética; se trata del matemático Norbert Wiener. Los temas fundamentales de la nueva ciencia los formuló en un libro editado en 1948, que precisamente llevaba como título el término *Cybernetics* (derivado del griego antiguo y que significa «arte de gobierno del timonel»), y como subtítulo su

---

7 En razón a que MULL se publica cuatro veces al año, en los meses de marzo *(March)*, junio *(June)*, setiembre *(September)* y diciembre *(December)*, se usa citarla con la indicación de los dos últimos números del año, seguidos por la inicial del mes y del número de la página. Tal sistema se ha establecido desde el primer número en la p. 25 (MULL 59S25). En diciembre de 1963 ha sido publicado el primer índice general. Señalemos como curiosidad que el primer artículo publicado en MULL fue escrito por una mujer, Patricia A. James, *Mechanization of a Tax Code* (MULL 59S1).
Deseo agradecer aquí al Prof. Amedeo G. Conte, de la Universidad de Pavia, por haber gentilmente puesto a mi disposición la colección de MULL.

definición de «ciencia del control y de la comunicación en los animales y en las máquinas»[8]. Es interesante observar que ya el gran físico André Ampère se había servido del mismo vocablo, en su *Essai sur la philosophie des sciences* (1832-1843), para designar la ciencia de gobierno de los pueblos. Wiener, por el contrario, se sirve del vocablo en sentido puramente biológico y tecnológico. No obstante en su libro siguiente, titulado *The Human Use of the Human Beings* (1950), involucra los aspectos sociales de las relaciones de control y de información, dedicando uno de los capítulos principales del libro al problema del Derecho. En esas páginas, que al igual de otras suyas, tienen una lucidez intelectual que se refleja en un lenguaje claro, pone en evidencia que «los problemas jurídicos son, por naturaleza propia, problemas de comunicación y de cibernética; esto es, son problemas relativos al control regular y repetible de ciertas situaciones críticas»[9].

Wiener, por otra parte, se vale del modelo cibernético como de un esquema general de interpretación que puede ser aplicado también a la comprensión de las estructuras sociales (idea esta que, como veremos en otro capítulo, ha sido posteriormente recogida y utilizada en gran medida), pero sin plantearse el problema de la adaptación práctica de la nueva tecnología a las cuestiones que surgen en el ámbito de la experiencia jurídica. Entre la aparición del primero y segundo libros de Wiener, fue publicado en la *Minnesota Law Review* de 1949 un artículo de Lee Loevinger, cuyo título estaba destinado a procurar también una visión y dirección nuevas para las investigaciones en el campo de la ciencia jurídica: *Jurimetrics: The Next Step Forward*[10]. Como fue aclarado plenamente por Loevinger en aquella y en las otras contribuciones que la siguieron, «el próximo paso adelante» consistía en la «tentativa de utilizar los métodos de la ciencia en el campo del Derecho» o, por decirlo mejor, en la aplicación de la nueva tecnología de la automatización y de la electrónica, dándose así inicio a una «nueva ciencia» jurídica.

6. LOEVINGER: EL TRABAJO DEL PIONERO

Lee Loevinger ha sido, indudablemente, un «hombre de frontera» en el campo de los estudios jurídicos, por su visión de nuevos horizontes y por la sensata confianza con que ha abierto nuevas rutas. Es interesante advertir que siempre procedió manteniendo el contacto con la realidad, sin caer en la utopía de la ciencia ficción jurídica, imaginando (como otros lo han hecho posteriormente) la construcción de una máquina «fabricadora» de Derecho. El interés de Loevinger ha permanecido sustancialmente orientado hacia los proble-

---

[8] N. Wiener, *La cibernetica*, Bompiani, Milano 1953 (trad. cast.: *Cibernética*, Guadiana, Madrid 1971).

[9] N. Wiener, *The Human Use of the Human Beings*, trad., italiana con el titulo de *Introduzione alta cibernetica*, Boringhieri, Torino 1953; la frase citada está en la p. 135.

[10] L. Loevinger, *Jurimetrics. The Next Step Forward:* Minnesota Law Review 33 (1949) 455 y ss.

mas de la información; e incluso en la fantasía futurística titulada *The Industrial Revolution in Law,* que fue su primer artículo aparecido en *MULL* [11], se limitó a esbozar y a diseñar las líneas de una red de información de datos jurídicos, basada en sistemas ya en uso en el campo de los datos económicos.

Loevinger mostraba en ese artículo cuál había sido en 1985 (es decir, un cuarto de siglo después) el sistema utilizado por los abogados para efectuar sus investigaciones relativas a las leyes, a los precedentes judiciales y a la doctrina: dichos abogados podrían valerse de la *Law Digest Machine,* con la que contaría toda biblioteca pública. Examinada la cuestión por resolver y efectuado el análisis necesario previo, el abogado recurriría a un volumen colocado permanentemente sobre su mesa de trabajo, conteniendo una lista de números-clave referidos a problemas jurídicos. Formulada la pregunta en una cédula especial, se encargaría a un mensajero llevarla a la *Law Digest Machine,* la cual, a la vuelta de unos pocos segundos, produciría una copia fotostática con todos los puntos y textos referentes a la pregunta, de conformidad con las indicaciones dadas por el propio interrogador.

Loevinger no pretendía demasiado; la realidad ha superado rápidamente a la fantasía. A comienzos de 1964 se fundó en los Estados Unidos un organismo, el *Law Research Service,* destinado a ofrecer precisamente el servicio de investigación jurídica esbozado por Loevinger, con la ventaja adicional de poder utilizar una conexión directa a las líneas telefónicas. El *L.R.S.* está dotado de una computadora electrónica *Univac III,* que en el lapso de un minuto está en condiciones de responder a cualquier cuestión jurídica, disponiendo de mil renglones para imprimir las citas de los textos pedidos. Un operador de servicio especializado recibe el pedido por teléfono, lo traduce en código y lo transmite a la máquina. La máquina replica inmediatamente, entregando los textos dactilografiados, los mismos que pueden ser recibidos directamente por el interesado, siempre que éste cuente con un telerreceptor[12]. Por lo demás, el propio Loevinger ha contribuido de modo práctico a abrir el camino al advenimiento de la información automatizada, proyectando y poniendo en funcionamiento en la oficina gubernamental por él dirigida, la máquina *LEX,* de la cual hemos hablado.

7. LA COMPUTADORA COMO «NUEVA NAVAJA ELECTRÓNICA DE OCCAM»

El advenimiento de la computadora electrónica en el campo del Derecho ha sido saludado como la inauguración de una nueva época para el

---

[11] L. Loevinger, *The Industrial Revolution in Law.* MULL 60J56-62.

[12] E. C. Hoppenfeld, *Law Research Service Inc.* -. MULL 66M46- 52. El propio Loevinger, en un artículo posterior al suyo anteriormente citado, *Jurimetrics: Science and Prediction in the Fiel of Law.* MULL 62S187-205 (publicado también en Minnesota Law Review 56 [1961] 255 y ss), había propuesto entre otras cosas una conexión directa de cables telefónicos entre la oficina legal y la central de investigación de la computadora (*o. c.,* 201).

progreso jurídico[13]. Sin embargo, como había ya advertido Wiener y con él, el mencionado Loevinger, la máquina no puede *escoger* sustituyendo al hombre, puesto que cada respuesta suya está supeditada a la pregunta que recibe y, por tanto, la elección (o sea, la solución) está implícita en el modo de formularse la pregunta. En consecuencia, sería excesivo considerar como propiamente revolucionarios los resultados de la jurimetría (con el carácter que le ha dado Loevinger). Prescindiendo de la discusión jurídica que puede suscitar el haber recurrido (o el no haberlo hecho) a una computadora electrónica en ciertos casos en que fuera utilizada (por ejemplo, en la liquidación de las competencias tributarias o en el cálculo de una cuestión contencioso-tributaria), la máquina puede prestar servicios gracias a su extraordinaria capacidad acumulativa de memoria y de averiguación de datos de interés jurídico, sirviendo así para simplificar una labor de consulta que, de otro modo, sería vastísima. Se aprecia esto con mayor claridad en el sistema judicial anglosajón, que se basa en el *Case law* y donde la máquina puede efectuar el trabajo de investigación y de recopilación de una enorme cantidad de precedentes judiciales; es posible también reunir y ordenar en la memoria electrónica las diferentes disposiciones legislativas, reproducidas en cintas magnéticas a las cuales se asignan índices numéricos con el fin de permitir a la máquina las concordancias y correcciones necesarias.

Sin embargo, Loevinger observó acertadamente que si las computadoras fuesen usadas solo para acumular un siempre mayor número de datos de información legislativa y judicial, sin poder operar con esos mismos datos una selección de material, no servirían sino para aumentar la confusión y acrecentar nuestra ignorancia de las leyes particulares, ya que quedaríamos sencilla y simplemente inundados de ellas. El advenimiento del nuevo método de investigación es, en realidad, la instauración de una reforma y reestructuración profundas del rígido sistema jerárquico tradicional de clasificación de las reglas del comportamiento jurídico, las mismas que deben ser reordenadas sobre una base de correlación orgánica y racional. Si se obtiene el resultado de racionalizar el sistema de producción jurídica, se podría decir entonces que la computadora ha sido un descubrimiento de utilidad universal, funcionando como una especie de «navaja electrónica de Occam» en base al viejo principio *entia non sunt multiplicanda sine necessitate*[14].

---

[13] *Law and Electronics: The Challenge of a New Era,* actas de la First Law and Electronics Conference, realizada en Lake Arrowhead (Cal.), en octubre de 1960, ed. Jones, 1962, respecto de la cual cf. las observaciones de R. Dickerson, *Some Jurisprudential Implications of Electronic Data processing:* Jurimetrics, *o. c.,* 53 y ss.

[14] L. Loevinger, *Occam's Electric Razor*: MULL 62D209-214 (pero en el texto L. habla solo de *electronic razor,* p. 213). Se trata de una conferencia dada el 5 de agosto de 1962 en la Junior Bar Conference of the American Bar Association, en San Francisco (Cal.).

8. LA COMPUTADORA: ¿HORÓSCOPO JURÍDICO AUTOMÁTICO?

El uso que debe darse a las computadoras es entonces, como lo ha aclarado Loevinger, fundamentalmente el de aplicar nuevos métodos de manipulación de las informaciones registradas. Solo bajo este aspecto es ya un progreso tan avanzado respecto de los métodos actuales de investigación en bibliotecas, como lo fueron los primeros libros impresos respecto de los códices manuscritos anteriores. Más aún, siempre de acuerdo con Loevinger, la utilidad de las computadoras en el ámbito jurídico puede extenderse también a una metodología científica de previsión además de la de información[15]. Adhiriéndose a las enseñanzas fundamentales de P. W. Bridgman, señala Loevinger que también en el Derecho, como en la ciencia en general, las aplicaciones prácticas de un principio (o de una concepción) son las que nos permiten la capacidad de hacer previsiones[16]; y dado que se sabe que estamos continuamente obligados en la vida cotidiana a hacer previsiones jurídicas (sobre la aplicación de reglamentos y de contratos, por ejemplo), prescindiendo de la necesidad de prever el resultado de una controversia judicial cuando somos parte en la misma, la computadora puede venir en nuestra ayuda también para eso, ofreciéndonos la posibilidad de «calcular» el grado de probabilidad o de verificabilidad de aplicación de una norma jurídica. Pero es verdad, como advierte Loevinger, que «algunos tienen la impresión de que estamos en condiciones de producir o de construir una máquina tal que nos entregue respuestas a problemas jurídicos o que, por lo menos, nos procure previsiones comprensiblemente correctas en el orden de las decisiones judiciales frente a contiendas legales; expectativas semejantes me parecen poco fundadas y destinadas a fallar».

En el presente se ha reconocido, además, que otro elemento importante de relación entre la cibernética (o sea, entre el empleo en general de computadoras electrónicas a fin de resolver problemas de naturaleza algebraica) y el Derecho ha sido dado por la lógica probabilística, que representa un nuevo recurso del antiguo método estadístico aplicado a los fenómenos de comportamiento jurídico. En épocas precedentes ha sido esbozada repetidas veces y de modo diverso una consideración cuantitativa de la eficacia legislativa, sometiendo a un examen el número y la frecuencia de las consecuencias prácticas de una norma o de una relación de Derecho. Con las posibilidades de cálculo ofrecidas por la máquina electrónica es hoy factible no

---

[15] L.Loevinger, *Science and prediction in the Field of Law, o. c.* Se trata de un informe ofrecido el 8 de agosto de 1961 en un congreso habido en Saint-Louis, Missouri.

[16] Como se ha dicho en el texto, Loevinger se adhiere explícitamente a la concepción «operacionística» de P. W. Bridgman (del cual cf. *La logica della fisica moderna*, trad. ital. Boringhieri, Torino, 1952). Debe tenerse en cuenta, sin embargo, que su interpretación de los conceptos jurídicos coincide con la interpretación general de la llamada escuela realista, acerca de la cual cf. el detallado volumen de G. Tarello, *Il realismo giuridico americano,* Giuffré, Milano 1962, especialmente 117-50.

solamente la investigación, bajo tal aspecto, de la realidad pasada para mejor comprender una situación existente, sino también la formulación de previsiones de orden estadístico para el futuro, cuyo grado de aproximación es notabilísimo, siempre que —se entiende— sean mantenidas constantes ciertas condiciones de ambiente[17].

9. G. SCHUBERT Y EL ANÁLISIS DE COMPORTAMIENTO DE LOS JUECES

En el cuadro de las investigaciones de tipo conductista que han caracterizado a la escuela jurídica del realismo americano en estos últimos decenios, se ha llegado a incluir una dimensión nueva de observación mediante la cual se emplea el análisis cuantitativo de los procedimientos judiciales, reconduciéndose a índices de cálculo estadístico el comportamiento de los jueces, índices que han sido sometidos a elaboraciones electrónicas[18]. El ejemplo más interesante es quizás el que nos ofrece la investigación dirigida por el profesor Glendon Schubert, de la Michigan State University, acerca de las actitudes mentales en el desempeño de la función judicial y del comportamiento con respecto al voto de los jueces que integraron el Tribunal Supremo de los Estados Unidos en el año 1961.

Examinado el comportamiento de cada juez federal referente a tres categorías principales de causas de fallo (esto es, las referentes a las libertades civiles, al liberalismo económico y al liberalismo en general, como fueron denominadas), y reducido tal comportamiento a términos estadísticos de frecuencia, Schubert sometió sus índices numéricos al cálculo de probabilidades, derivando una tabla de previsión del modo como los mismos jueces habrían continuado emitiendo sus fallos respecto a los mismos problemas. Se presenta, sin embargo, un problema nuevo: el de saber si el comportamiento sucesivo de los jueces no estaría precisamente influido por la previsión obtenida, convirtiéndose así de hipótesis científica en factor de reacción emocional.

---

17 Para una visión general de la revolución metodológica aportada por las ciencias estadísticas, cf. J. Bronowski, *Il senso comune della scienza,* Edizioni di Comunità, Milano 1961 (trad, cast.: *El sentido común de la ciencia,* Edicions 62, Barcelona 1978). Acerca del concepto estadístico de ley cf. p. 98. Acerca de las nuevas concepciones de la previsión, cf. R. Franchini, *Teoria della previsione,* Edizioni Scientifiche Italiane, Napoli 1964, 83 y ss.

18 G. Schubert, *Judicial Attitudes and Voting Behaviour: the 1961 Term of the United States Supreme Court:* Jurimetrics, *o. c.,* 100 y ss.; S. S. Ulmer, *Quantitative Analysis of Judicial Processes: Some Practical and Theoretical Implications-,* ibidem, 164ss.; L. E. Allen y M. E. Caldwell, *Modern Logic and Judicial Decision Making: A Sketch of One View:* ibidem 213 y ss. Sobre las perspectivas abiertas por las diferentes contribuciones citadas, cf. la reseña crítica compilada por J. H. Jackson en la recensión de *Jurimetrics:* California Law Review 52, 2 (1964), 441 y ss. Recuérdese también que el tema del congreso habido el 7 de agosto de 1962 por el Special Committee on Electronic Data Retrieval of the American Bar Association fue precisamente el de *Using Computers to Predict Supreme Court Decisions.* No he podido ver las actas de dicho congreso.

En un caso de este tipo, a pesar de todo, el uso de calculadoras electrónicas aparece completamente subsidiario del análisis, para tratar de conseguir una mayor celeridad en los procesos decisorios. Debe, sin embargo, tenerse en cuenta la posibilidad de que una máquina logre proporcionar la información de la aplicabilidad de una disposición legislativa con relación a factores determinados de perturbación en el campo económico o sociológico general, así como también la posibilidad (teórica) de que los magistrados se valgan para sus fallos de elementos de previsión estadística, referidos a un análisis cuantitativo de los procesos y de los factores de litigio. El uso de las máquinas cibernéticas puede, en efecto, sustituir directamente la capacidad de formulación y de elaboración de procedimientos matemáticos complicados; y, así como hoy una cajera puede hacer funcionar una calculadora electrónica sin entender su mecanismo, es posible que en el futuro se pueda recurrir a máquinas expresamente construidas para resolver problemas que se refieran al análisis y a la manipulación de datos de gran complejidad. Las múltiples posibilidades de articulación y de capacitación del factor humano en las nuevas formas de la técnica deben abarcar también el mundo del Derecho, siendo oportuno que la preparación de los jueces y de los juristas en general, de ordinario solamente humanista, reciba un complemento integrativo en el aspecto tecnológico [19].

10. «LA AUTOMATIZACIÓN JURÍDICA»: CRITERIOS, LÍMITES Y CRÍTICAS

Para la difusión del uso de las calculadoras electrónicas y de los procedimientos cibernéticos correspondientes entre los juristas, se requiere de modo general, aun antes de una racionalización acabada de la producción jurídica, una necesaria simplificación de los conceptos, métodos y técnicas tradicionales, conforme a los cuales se clasifican los textos y los documentos jurídicos; se requiere también la *unificación* del sistema a fin de hacerlo aplicable a la fabricación de los aparatos en cuestión. Este objetivo ha sido formulado por Paul S. Hoffmann con el término de *Lawtomation* (un compuesto de *Law,* Derecho, y *automation,* automatización), advirtiendo, sin embargo, que cuando tal se llegue a alcanzar, no significará que la labor del jurista sea considerada superflua, sino solamente que éste podrá dedicar más tiempo al trabajo productivo[20].

Actualmente no se ha podido lograr todavía un acuerdo sobre el mejor sistema de clasificación que sea satisfactorio desde cualquier punto de vista.

---

19 E. Bennett, J. Degan y J. Spiegel, *Human Factors in Technology,* McGraw-Hill Books Co., New York 1963; cf. especialmente cap. I, «Human Factors in a Technological Society», de los autores citados, y cap. XXX de L. O. Gilstrap, R. J. Lee y M. J. Pedelty, *Learning Automata and Artificial Intelligence,* 463 y ss.

20 P. S. Hoffmann, *Lawtomation in Legal Research: Some Indexing Problems:* MULL 63M16-26.

El propio Loevinger, que en su estudio sobre la jurimetría como «metodología de la investigación jurídica» ha hecho una cuidadosa reseña de diversos sistemas, se detiene en el adoptado por él para la máquina LEX, reconociendo con pesar el no haber podido establecer un sistema capaz de seleccionar las representaciones particulares del contenido de los documentos jurídicos de manera plenamente objetiva[21]. De todos modos resulta evidente que la importancia de la «automatización jurídica» no debe estar reducida ni confundida con la de un procedimiento taxonómico mecánico. La computadora realiza operaciones que efectivamente son como un «mimo» de las funciones psicológicas de recordar, olvidar (voluntariamente), analizar, diferenciar, o decidir una solución, pudiendo además manipular los símbolos abstractos de la lógica matemática.

Las críticas a la automatización jurídica no han faltado en el ambiente cultural americano. La computadora electrónica, precisamente por las complicaciones que hace surgir, puede llegar a ser una fuente de ayuda como también de mortificaciones... repitiendo lo escrito por el juez Brown[22]. Una «justicia hecha a máquina», como ha sido agudamente definida por J.J. Spengler, da lugar, en verdad, a un nuevo fetichismo, aumenta la rigidez conceptual de los juristas, favorece la pérdida del sentido de responsabilidad personal, amenaza con reducir la libertad personal, afectándola en su centro nervioso más delicado: la libertad de juicio[23]. Sobre todo, el prejuicio y las concepciones de género «analítico» pueden exponer al peligro de malentendidos radicales de normas, sentencias, documentos jurídicos, en los cuales los elementos singulares obtienen significado y función precisamente por obra de un proceso de estructuración, esto es, de síntesis orgánica, mientras que se pierde el sentido de conjunto y conclusión cuando el discurso jurídico se reduce a *disiecta membra*.

11. CIBERNÉTICA Y DERECHO EN LA UNIÓN SOVIÉTICA: LA PLANIFICACIÓN DE LA INVESTIGACIÓN CIENTÍFICA

Si bien fue necesario esperar el fin del régimen estalinista para dar comienzo a investigaciones sistemáticas, experimentos y aplicaciones de la cibernética en la U.R.S.S., después que se levantó el ostracismo de la ciencia «burguesa», considerada oficialmente como una «pseudo-ciencia»[24], y una vez

---

21 L. Loevinger, *Jurimetrics: The Methodology of Legal Inquiry*. Es el artículo inicial del fascículo especial de *Law and Contemporary Problems*, revista editada por la Duke University School of Law, dedicado a la *Jurimetrics* (invierno de 1963), y vuelto a publicar con este título en o. c., ibidem; cf, la reseña de métodos de clasificación y técnicas elaborativas realizada por W. B. Eldridge y S. F. Dennis, *The Computer as a Tool for Legal Research,* 78 y ss.

22 J. R. Brown, *Electronic Brains and the Legal Mind: Computing the Data Computer's Collision with Law.* Yale Law Journal 71 (1961-62) 239 y ss.

23 He parafraseado deliberadamente las críticas formuladas por J. J. Spengler, *Machine-made Justice: Some Implications:* Jurimetrics, *o. c.,* 36 y ss.

24 Según la afirmación de J. Zeman, *Conception materialiste et conception idealiste de la notion d'information:* Recherches internationales 29 (1962) 98.

que los científicos soviéticos pudieron ponerse a la altura de los estadounidenses, los progresos han sido muy rápidos, y a la vuelta de pocos años el desarrollo teórico ha alcanzado una fase competitiva frente a los logros procedentes de América. Esto vale también para el campo específico de las relaciones entre Derecho y cibernética, lo que ha permitido la orgullosa afirmación, por parte de los soviéticos, de que «la ciencia jurídica soviética presta mucha atención a la aplicación de la cibernética en el campo del Derecho, en todas sus manifestaciones: por ejemplo, en el campo de la legislación (a través del análisis y de la sistematización gráfico-mecánica del material jurídico), en el campo de los peritajes judiciales, en el campo criminológico en general, etcétera. Entre estos aspectos figura también el de la aplicación de la cibernética en la recopilación y elaboración de datos sociológicos concretos y en la solución de otros problemas relativos a la acción social del Derecho»[25]. La aparición de la automatización en la sociedad soviética no podía hacer menos que condicionar, llegando por lo demás a sus supraestructuras culturales, una actitud diferente frente a ese orden de problemas[26].

Un estudioso soviético, Djangir A. Kerimov, profesor en la Facultad de Jurisprudencia de la Universidad de Leningrado, ha elaborado una reseña panorámica del estado de las investigaciones en la Unión Soviética, pero poco apta, en realidad, a dar a conocer datos útiles[27]. No obstante, el mismo Kerinov, en otro trabajo suyo dedicado a la *Aplicabilidad futura de la cibernética en la Unión Soviética,* ha delineado un interesante cuadro programático de los objetivos de desarrollo que se han propuesto en dicho campo[28]. Conviene mencionarlos, y lo haremos con algunas breves indicaciones. Representan éstos una especie de planificación intelectual bastante indicativa de los objetivos perseguidos por la investigación científica del Derecho en la U.R.S.S. Son:

1) Perfeccionamiento de las estructuras de los órganos estatales y de control económico, extensivo a la computación de las cualidades objetivas y subjetivas del personal.

2) Desarrollo de los algoritmos exigidos por los procedimientos de elaboración del material normativo con las calculadoras electrónicas, en los plazos apropiados: por ejemplo, análisis y control centralizados de un cierto número de acuerdos celebrados por entes administrativos y por fábricas, a fin de convalidar su conformidad con la ley.

---

25 V. Kazimircuk, V. Tumanov y V. Stejnberg, *Diritto e ricerche sociologiche nell'URSS,* en R. Trves (ed.), *La sociologia del diritto,* Edizioni di Comunità, Milano 1966, 142.

26 V. V. Karibiskij, *Automazione e sue conseguenze sociali,* informe al congreso ítalo-soviético sobre el automatismo, celebrado en Milán el 30-31 de marzo, en *Rassegna Sovietica* XVII (1966) n. 1, 68 y ss.

27 D. A. Kerimov, *Cybernetics and Soviet Jurisprudence*: Jurimetrics, *o. c.,* 71 y ss.

28 D. A. Kerimov, *Future Applicability of Cybernetics to Jurisprudence in the U.S.S.R.*: MULL 63D153-162.

3) Organización de los servicios de información administrativa, recurriendo al empleo de las computadoras a efectos de archivo, investigación e impresión de informaciones de carácter jurídico.

4) Mejora del procedimiento legislativo merced al empleo de calculadoras electrónicas, necesarias para calcular y analizar propuestas y comentarios expuestos por los participantes en el debate legislativo, así como para calcular los votos en elecciones, referendos, etc.

5) Codificación legislativa obtenida empleando las calculadoras electrónicas para revelar las antinomias, lagunas, incoherencias y redundancias en la legislación vigente.

6) Análisis de ciertas situaciones en el Derecho Público, partiendo de la teoría del juego, con simulación electrónica de tales situaciones a fin de encontrar los medios más eficaces y racionales para resolverlas.

7) Sistematización y análisis de los procesos judiciales y de los arbitrados dentro del plano general del ordenamiento jurídico estatal.

8) Automatización del registro de antecedentes judiciales con el empleo de computadoras para el archivo y la emisión de certificados. Estadísticas y registro de quienes violan la ley, por un orden de tipo, huellas digitales, descripciones, etc.

9) Facilitar la tarea de los expertos en criminología por medio de documentación automática.

10) Uso de los métodos matemáticos para solucionar los problemas relativos a la identificación de criminales, etc.

11) Programación cibernética en la enseñanza del Derecho.

12. UN EXPERIMENTO SOVIÉTICO DE DERECHO ARTIFICIAL

Se debe al propio Kerimov la clara explicación del procedimiento exigido para la transcripción de un problema lógico-jurídico en los términos convenidos para su recepción por una computadora electrónica, procedimiento este llamado «algoritmo», por el que se entiende la indicación precisa de ejecución en cierto orden, de cierto sistema de operaciones para la solución de todos los problemas de cierto tipo. A este fin, un problema complejo es analizado en sus componentes diversos más simples, los cuales, a su vez, son analizados hasta reducirlos a sus componentes elementales. La solución del problema originario puede entonces lograrse mediante una serie de operaciones en fases sucesivas. El problema subyacente, para cada fase, consiste en elegir una entre dos alternativas posibles; es decir, la respuesta puede ser solo «sí» o «no», «más» o «menos», «cero» o «uno». La ejecución de cada fase sucesiva está determinada por los resultados de la precedente. El desenvolvimiento de los algoritmos apropiados es la condición decisiva para obtener la transposición en forma de automatización de un determinado tipo de actividad mental humana, comprendida la jurisprudencia. Se trata entonces de reducir cada problema a términos binarios, conforme a la exigencia base del mecanismo de cada computadora electrónica. Esta breve aclaración metodológica marca el presupuesto necesario para seguir los pasos de un experimento de «Derecho Artificial» en la Unión Soviética, que consideramos oportuno exponer.

Se trata, precisamente, de un experimento realizado en el curso de una investigación efectuada en el «Laboratorio de uso de calculadoras electrónicas en investigaciones humanitarias» de la Sección Siberiana de la Academia de Ciencias de la URSS, tal como resulta del informe publicado por los investigadores A.F. Deev, P.B. Gal'perin y Ju. T. Ivanov[29]. La investigación presenta un interés particular porque en ella se ha procedido a un intento de verdadera elaboración de carácter jurídico; esto es, se han tomado en consideración y sometido al cálculo lógico, bajo forma simbólica, elementos de particularización jurídica y de disposiciones legislativas.

Objeto especial de elaboración fue una serie de normas referidas a la regulación del retiro del trabajo a solicitud del propio trabajador. El problema fundamental, para cuya solución se recurrió a algoritmos, fue el siguiente: ¿por cuál motivo y con qué características puede darse el retiro de un trabajador a iniciativa propia y en cada caso concreto? Las normas jurídicas consideradas por los autores citados fueron los artículos correspondientes del Código Soviético de Trabajo (KZoT), los decretos «Sobre las condiciones de trabajo de los obreros y de los empleados provisionales» (I1BP), los decretos «Sobre las condiciones de trabajo en los trabajos a períodos fijos» (I1CP), el «Reglamento de colocación de los especialistas jóvenes, diplomados en los Institutos de Instrucción Superior» (ITMC), las «Normas tipo del ordenamiento interno de los obreros y empleados de la administración estatal de las cooperativas y de las oficinas públicas» (TIIP). Las premisas correspondientes fueron formuladas así: 1_y, fecha de notificación del retiro (momento en que el trabajador preavisa a la administración su intención de interrumpir la relación de trabajo); A, número de días después de los cuales el trabajador se considerará fuera del puesto, después del preaviso de retiro (el conjunto $t = t_3 + A$ determina la fecha del cese de la relación de trabajo en base al contrato, fecha que se considera coincidente con las fechas de pago de la liquidación y con la fecha de consignación del carné de trabajo con el registro de los motivos del retiro); *m,* indemnización de retiro, entregada al trabajador en el acto de cese; *B,* obligación del trabajador de resarcir los gastos de la administración (gastos de trans-

[29] A. F. Deev, P.B. Gal'Perin e Ju T. Ivanov, *La cibernetica e la soluzione di alcuni problemi giuridici:* Sovetskoe Gosudarstvo i Pravo (Estado y Derecho Soviético) n. 10 (1964) 81 y ss. Me valgo de la traducción inédita del texto ruso que me ha sido enviada por la Asociación Italia-URSS gracias al gentil interés del Prof. Umberto Cerroni, que aquí agradezco.

ferencia, de viaje, etc.), conexos con la rescisión anticipada del contrato de trabajo; *f*, motivaciones del retiro, señaladas en el carnet de trabajo al momento del cese. De este modo, la situación de cese del trabajo está determinada por las siguientes características: $Syb = t_3, AB, M, f)$.

Para encontrar, en base a las leyes, una situación precisa (situación de retiro), correspondiente a un caso concreto de retiro, es, no obstante, necesario conocer las premisas por medio de las cuales ese caso concreto se pueda describir completamente, o sea, que es preciso determinar la información de partida y la forma del programa. Los datos de partida (esto es, el estado de las condiciones del retiro) se pueden representar en forma de un complejo de cualesquiera valores de conjunto, formulados de la siguiente manera:

t_d, fecha de iniciación del trabajo (estipulaciones del contrato de trabajo);

t_g, fecha de vencimiento del contrato de trabajo;

t^3, fecha del preaviso de retiro (fecha en la que el trabajador ha notificado a la administración que pretende interrumpir la relación);

R, tipo de trabajo (en base a la lista de los tipos de trabajo por períodos fijos);

b, caso en que la administración haya notificado al trabajador, en el momento de su incorporación, la calidad provisoria del trabajo;

z, conexión del trabajo (en el momento de la incorporación) con la sustitución de un trabajador ausente por motivos legales;

k, si el trabajador sustituido está enfermo de tuberculosis;

N, incorporación del trabajador, por medio de la cédula de colocación;

y, incorporación del trabajador inmediatamente después de haber terminado los estudios en un Instituto de Instrucción Superior;

h, incumplimiento de las condiciones que den al trabajador un derecho especial para la rescisión del contrato antes de su término, en el momento de la presentación de la solicitud de retiro;

u, facultad de rescisión atribuida a la Administración;

s, existencia de un acuerdo entre el trabajador y la Administración en cuanto a la ruptura del contrato.

Los estados iniciales del trabajador *(Su)* están así determinados por esta gran cantidad de características: $Su = (t_d, tg, t^3, R, b, z, k, N, y, h, u, s,)$. Los campos de valores posibles (campos de determinación) son los siguientes: las características *(b, z, k, N, y, h, u, s.)* asumen el valor de 0 o de 1 (1 si se tiene la condición correspondiente, y 0 en el caso contrario). Como valor de las características del tiempo (t_d, tg, t_3) puede ser cualquier fecha; para el valor *(tg)* en el caso de indeterminación de la finalización del contrato, se toma el número 0.

El valor de la característica *R* queda determinado en base a la lista de las clases de trabajo por períodos fijos. Si el trabajo no es por período fijo, se toma 0 para el valor de *R*.

A fin de determinar el paso de los estados iniciales a los finales, los investigadores han establecido un algoritmo (complejo de reglas de transformación), valiéndose de funciones a tres niveles (referidos en el extracto de la investigación), que han aplicado en el caso hipotético presentado por un cierto trabajador, Seleznev, quien se supone que había comenzado su trabajo el día 1.° de enero de 1962. En el momento de la incorporación, la duración del contrato era de un mes. La incorporación coincidía con la sustitución de un trabajador temporalmente ausente por razones legítimas, Seleznev presentó su dimisión el 15 de marzo de 1962 por causa del incumplimiento de las leyes de trabajo de la administración de la cual dependía. ¿Cuándo y por qué motivos debía Seleznev cesar en el trabajo? Se determinan las condiciones iniciales:

$$t_0 = 01.01.1962$$
$$tg = 01.02.1962$$
$$t_3 = 15.03.1962$$
$$b = 0$$
$$z = 1$$
$$k = 0$$
$$N = 0$$
$$y = 0$$
$$h = 1$$
$$u = 0$$
$$s = 0$$
$$R = 000$$

El estado inicial obtenido puede escribirse en forma de tabla, y así se programa la información en la computadora:

1	1	2	3	4	5	6	7	8	9
1	9	6	2	0	0	1	0	0	1
2	9	6	2	0	0	2	0	0	1
3	9	6	2	0	0	3	0	1	5
4	0	0	0	0	2	0	0	0	1

En esta tabla de cifras (1,2, 3) I se leerán como primera, segunda y tercera cifra de la primera línea de la tabla, indicando el año; las cifras (4, 5, 6) I indican el mes; las cifras (7, 8, 9) I indican el día de la iniciación del trabajo (*t*°). Las cifras (1, 2, 3) II, (4, 5, 6) II y (7, 8, 9) II indican el año, el mes y el día del vencimiento del contrato *(tg)*. Las cifras (1, 2, 3) III, (4, 5, 6) III y (7, 8, 9) III indican, respectivamente, el año, el mes y el día de la presentación de la declaración del retiro del trabajo (*t*°). Las cifras (1, 2, 3) II, (4, 5, 6) II y (7, go de la clase de trabajo, en base a la lista de trabajos en períodos fijos *(R);* la cifra (4) IV indica la premisa s; la cifra (5) IV indica la premisa *E,* que se determina en base a los valores de las premisas *(b, z, k),* según las fórmula siguiente:

$E = 1b + 2z + 4k$

las cifras (6, 7, 8, 9) IV indican el valor de las premisas *u, N, y, h,* respectivamente.

Después de que la información de partida fuese introducida en la computadora y ya elaborada, la máquina procedió a imprimir el resultado:

	1 2 3	4 5 6	7 8 9
1	1 0 1	1 0 1	0 1 0
2	9 6 2	003	0 1 5

donde las cifras (1,2, 3,4) I indican la razón del retiro *f,* (10 IIBP 6, 11 FIBP10); las cifras (5, 6) I determinan la premisa A (número de días del preaviso de retiro); las cifras (7, 8) I determinan la premisa *m* (premisa estableciendo la indemnización por retiro, pagada en el momento de dicho retiro); la cifra (9) I indica la premisa *B,* esto es, la obligación (o no) de reembolsar los gastos relacionados con el retiro. Las cifras de la segunda línea reproducen el año, el mes y el día de la presentación del aviso de retiro.

El resultado describe el siguiente estado de retiro:

t = 16.03.1962;

m = I (salario de un día);

B = 0 (el trabajador no debe reembolsar los gastos);

f = 10. 11 (IIBP 6 y IIBP 10)

Lo que significa que el trabajador debe cesar de trabajar el 16 de marzo de 1962, de conformidad con el artículo 6 del decreto «Sobre las condiciones de trabajo de los obreros y empleados provisionales», por voluntad propia y a causa del incumplimiento por parte de la administración de las condiciones de trabajo requeridas, con el pago correspondiente a un día como indemnización de retiro (art. 10 nBP).

13. V. KNAPP Y LA CRÍTICA AL «DERECHO ARTIFICIAL»

Se ha explicado con mayor detalle el experimento efectuado por los estudiosos soviéticos porque no solo demuestra un grado de reflexión bastante elevado respecto al tema de las relaciones entre cibernética y Derecho y una notable habilidad de conducción de las operaciones necesarias para el manejo eficiente de las computadoras con objeto de resolver cuestiones jurídicas, sino también porque despierta una clara confianza y satisfacción en las posibilidades de la creación de un «Derecho Artificial», por lo demás plenamente expuestas por los autores citados en el epílogo de su informe. Según lo afirmado por éstos, la creación de programas tipo (en los que la información jurídica sea llevada al grado máximo de formalización) y la introducción de programas tipo en el uso de la práctica judicial abrirán el camino a una objetivización de las soluciones de los problemas jurídicos, reduciendo al mínimo o eliminando la «subjetividad». Consideradas también las demás ventajas conexas a la introducción de la automatización en la práctica legal, concluyen los autores sosteniendo «que el mejoramiento continuo de la jurisprudencia no se puede lograr a la perfección si no se emplean modelos matemáticos y la técnica del cálculo».

Estas afirmaciones representan una posición teórica más avanzada en la dirección del racionalismo formalista que aquella sostenida por los estudiosos norteamericanos, para quienes el empirismo tradicional anglosajón sirve de inmunización contra el peligro de un dogmatismo intelectual. Sin embargo, es interesante observar cómo una «crítica de la razón cibernética» en el campo del Derecho ha sido expuesta por un estudioso cuya formación filosófica es también materialista-dialéctica, el profesor Viktor Knapp de la Universidad de Praga, en un estudio suyo *Sobre las posibilidades de la aplicación de los métodos cibernéticos en el Derecho*[30].

Knapp parte de la constatación de que la máquina cibernética está en condiciones de procesar datos y relaciones de datos informativos solo cuando los mismos le sean comprensibles a ésta por medio de la reducción de ellos a una cantidad finita de fórmulas lógico-matemáticas finitas, quedando la máquina, por tanto, condicionada y limitada en el uso si se emplea la lógica formal. La divergencia existente entre continuidad y discontinuidad, presente siempre en el desarrollo de la naturaleza como en el de la sociedad, obliga a recurrir, en el análisis de las formas, a una lógica dialéctica, que puede comprender desde sí misma a la lógica formal, pero superándola en cuanto procede a establecer una comparación entre las formas y su contenido real, y, de otro lado, solo la lógica dialéctica puede tener en cuenta la infinidad de aspectos particulares de lo real. Por consiguiente, a la pregunta de si la máquina cibernética está en situación de modelar el procedimiento dialéctico que es propio del pensamiento jurídico, no se puede responder sino negativamente; a lo más se hallaría en el grado de analizar las relaciones que en el lecho procustiano de la lógica formal han sido reducidas a límites nítidos.

Knapp ha realizado en la primera parte de su estudio una investigación sobre las causas del divorcio, tramitadas en Checoslovaquia durante 1960 y a

---

30 V. Knapp, *Ueber die Möglichkeit der Anwendung cybernetischer Methoden im Recht*: Staat und Recht XII (1963) 613 y ss; traducción alemana del texto original en lengua checa, aparecido en *Pravnik* 1 (1963). El pasaje citado se encuentra en 632-33.

pesar de los ingeniosos sistemas de elaboración estadística, ha demostrado cómo no es posible expresar en fórmulas lógico-matemáticas, representando cantidades numéricas finitas, todas las causas posibles e imaginables de divorcio y todas las condiciones necesarias para efectuar la separación conyugal. Pese a esto, el propio Knapp, prosiguiendo con su exposición, examina con atención y buen sentido las diferentes posibilidades de aplicación de la máquina electrónica en el Derecho, sea en el procedimiento legislativo o en el judicial (y, dentro de éste, tanto en el procedimiento probatorio, cuanto en la preparación de la sentencia). Su análisis llega todas las veces a la misma conclusión: esto es, que el uso del método cibernético es de indudable utilidad en ciertos casos, pero que está siempre limitado en la fase de ordenar y preparar el material, sin poder jamás actuar como sustituto del método dialéctico (o de la libre evaluación respecto a la decisión). Sin entrar en los detalles de la tesis sostenida por Knapp, nos merece que vale la pena mencionar un ejemplo bastante ilustrativo, empleado por Knapp para explicar su punto de vista:

> Se podría intentar un cierto paralelo con los aparatos de diagnóstico usados en medicina. Aquí también no es el aparato el que da el diagnóstico, sino que se limita solamente a entrega informaciones al respecto, y ocurre incluso que en casos muy complicados el aparato entrega información alternativa, conforme a la cual es posible más de un diagnóstico. La decisión respecto al diagnóstico final compete al médico, y es él personalmente y no la máquina quien asume la responsabilidad del diagnóstico dado. La máquina constituye, indudablemente, una ayuda notable para el médico y representa al mismo tiempo una contribución valiosa a la defensa de la sanidad pública.

14. LENGUAJE CIBERNÉTICO Y LENGUAJE JURÍDICO

La conclusión a que llega el estudioso checoeslovaco es, por consiguiente, que las máquinas cibernéticas no pueden emitir sentencias y, por tanto, no pueden dar lugar a la creación de un verdadero y propio «Derecho Artificial»; lo que sí pueden hacer es «interpretar» en sentido formal (gramatical, lógico y sintáctico), pero no jurídico, las normas legislativas. El problema se transfiere así al plano de las relaciones entre cibernética y lingüística, plano para el cual existen desde hace tiempo excelentes y variadas contribuciones metodológicas[31]. La relación entre cibernética y Derecho se convierte entonces en una relación entre análisis lógico y lenguaje jurídico, que es lo que caracte-

[31] G.-G. Granger, *Pensée formelle et sciences de l'homme,* Aubier, París 1960 (trad. cast.: *Formalismo y ciencias humanas,* Ariel, Barcelona 1965); D. J. Frager, *La machine électronique au Service des sciences humanines:* Diogene 52 (1966); A. David, *La cybernétique et l'humanin,* A. E. Pérez Luño, *Cibernética, informática y derecho. Un análisis metodológico,* Publicaciones del Real Colegio de España, Bolonia 1976. Gallimard, París 1965 (trad. cast.: *La cibernética y lo humano.* Labor, Barcelona 1970).

riza al estado actual de los estudios jurídicos, de acuerdo con el interés que han despertado las nuevas investigaciones sobre el Derecho, considerado como lenguaje normativo[32]. Si la tarea principal del jurista es precisamente la interpretación o el análisis de tal lenguaje, el problema del desarrollo abierto a las aplicaciones de la cibernética en el Derecho, coincide con el problema de la reducción del lenguaje jurídico a una formulación terminológica de tipo cibernético, en la que quedan eliminados los componentes irracionales, patéticos y desordenados que pueden existir en el lenguaje-«hablado», aun en el caso de estar fuertemente orientado a un sentido técnico, como es el del lenguaje jurídico.

La novedad fundamental de la cibernética, como ha sido puesto muy en claro por G.-G. Granger, consiste en el hecho de que, para la cibernética, la atención de los estudiosos se ha concentrado en el circuito de informaciones que diferencia a la computadora electrónica de los tipos precedentes de máquinas, como la eléctrica propiamente dicha, en la que solo se verifica un circuito de energía. En la máquina electrónica, el flujo de energía (eléctrica) actúa igualmente, pero está subordinado y es instrumental respecto al plano de informaciones que constituye la característica «superior» de la nueva máquina. Granger ha llegado incluso a generalizar esta diferencia, consistente en el pasaje de la condición energética a la cibernética, transfiriéndola al cambio que se verifica desde un lenguaje semántico primitivo, de base intuitivo-expresiva de emociones, y destinado a trasmitir una carga emotiva de energía, a otro lenguaje rigurosamente científico como es el de los símbolos lógicos, en el cual lo que cuenta es la estructura sintáctica de las proposiciones. Se opera así una transformación de las estructuras semejante a aquella (podremos agregar) que surge cuando el caso humano del cliente es expuesto de modo jurídicamente riguroso por el abogado; este hecho por sí mismo cambia así de significado, dado que recibe uno jurídico, referido a un encuadre normativo, pudiendo aparecer a veces hasta contradictorio con el que ha sido advertido en el plano emotivo. De manera análoga, en el tránsito del nivel semántico-jurídico al semántico-cibernético se procede a una reformulación de la estructura que conecta con el discurso normativo, calculando a partir del discurso la relación simple de posiciones respecto a un esquema preconstituido, como cuando se efectúa la proyección de una figura sobre un plano geométrico a efectos de medición.

Lo que se arriesga provocar con este proceso de abstracción ulterior sucesiva es la rigidez de un lenguaje como el jurídico, que necesita mantener siempre un grado notable de elasticidad para ser empleado en las exigencias prácticas, puesto que consiste justamente en una simbolización de exigencias y de estructuras operantes de la conducta humana dentro de la vida social. El

---

[32] U. Scarpelli, *Contributo alla semantica del linguaggio normativo,* en *Memorie dell'Accademia delle Scienze di Torino,* S. 3a, T. 5, P. II, n. 1, 1959.

lenguaje de la norma no es otro que el punto de pasaje; es el término de mediación obligado entre la realidad mutable y desordenada de la *praxis* humana y la estructura del orden jurídico que la refleja y la disciplina en un *logos,* esto es, en un discurso coherente y acabado. Por eso es necesario que al intento de adecuación de la conducta a un orden razonable, como es el del Derecho, corresponda también la capacidad de adaptación de éste a las formas reales de la acción humana. No se puede reducir el Derecho a la dimensión única de lo racional, porque no se puede lograr tal reducción con la vida social, que es en la que toda estructura jurídica se articula y funciona.

15. NATURALEZA Y ARTIFICIALIDAD DEL DERECHO

Karl Löwith ha escrito con gran penetración que «nuestra historia presente y futura, a la par que la historia social y cultural, está determinada no por las ciencias históricas, sino por los progresos imprevisibles de la ciencia natural y, no en último lugar, por el cambio completo de las técnicas de información, de guerra y de destrucción total»[33]. El advenimiento de la era cibernética, contemporáneo al de la atómica (y entre las dos ha venido verificándose un proceso de integración como ha de verse claramente en el desarrollo de la técnica espacial y la astronáutica), ha puesto al pensamiento humano, y dentro de éste al jurídico, frente a nuevas alternativas y hasta frente a la cuestión fundamental de saber si la humanidad no se encuentra ante una nueva —y más profunda y decisiva— revolución de tipo «copernicano», con su transformación de «natural» en «artificial», problema que no puede eludirse en un trabajo de filosofía jurídica y que trataremos en un capítulo posterior. Es necesario reconocer, como lo ha señalado Ugo Spirito, que «la máquina mismo no puede concebirse sino como un desarrollo de la naturaleza humana, con todos los atributos de ésta, llamándosele «artificial» solo arbitrariamente; es decir, cerrando en cierto sentido el proceso de la naturaleza»[34]. A las palabras que acabamos de citar queremos dar un sentido diverso al atribuido por su autor, pues sostenemos que también al «Derecho Artificial» puede llamársele así solo de modo arbitrario; esto es, en cuanto que es contrapuesto a un «Derecho Natural», pero no en cuanto que represente una tecnología del Derecho que llegue a establecerse, por encima de la concepción actual del Derecho, como morfología de las estructuras operativas de la acción humana en sociedad. La artificialidad reconocida (o temida) como característica del Derecho en la época de la automatización no es otra cosa que una metáfora empleada para precisar el momento lógico-formal constitutivo de la experiencia jurídica, a la par con el momento ético, en cuanto que entre ambos se mantiene y transcurre la tensión de la conciencia humana, desde la cual brota toda norma, toda sentencia, toda acción jurídica.

---

33 K. Loewith, *Storia e coscienza storica:* Rivista di Filosofia LVI (1965) 281.

34 U. Spirito, *La rivoluzione copernicana*: Giornale critico della filosofia italiana II s., vol. XIX, en XLIV (1965) I, p. 50.

El «Derecho Artificial» representa un modelo, casi un mito, que ejerce particular atracción en sociedades de tipo tecnológico avanzado, suscitando, por el contrario, perplejidad y desconfianza allí donde el sentido crítico de los juristas se alimenta de la tradición humanista. Sostenemos nosotros, sin embargo, que se debe acceder a esas perspectivas nuevas de pensamiento y de experiencia que el progreso científico general ofrece al estudioso del Derecho. Las posibilidades de aplicación de la tecnología, entendida como proceso de racionalización operativa, constituyen las manifestaciones de un mundo en el cual la humanidad está desarrollando una nueva fisonomía espiritual, tanto que la mentalidad tecnológica se presenta como una segunda y renovada naturaleza suya[35].

[35] Consideraciones análogas en el estudio de R. Lockner, *Automation and Law:* ARSP, Beiheft n. 40, Neue Folge n. 3 (1964) 135 y ss.

II

LA AUTOMATIZACIÓN ADMINISTRATIVA

1. EL ESTADO COMO FÁBRICA

Quien se interese en comprender el carácter distintivo del Estado contemporáneo, que representa el procedimiento más complejo de formación, de transmisión y de difusión de los datos simbólicos relativos a la conducción de la acción humana, debe colocarlo mentalmente en el contexto del progreso tecnológico de los diversos sectores del saber y simbolizarlo con una fórmula adecuada para establecer la correspondencia entre su estructura organizativa y las demás que distinguen los procesos coordenativos de los comportamientos sociales en la época en que actuamos.

Valiéndonos de la claridad que se obtiene de los contrastes, se considera la imagen mental del Estado como resultante de una celebrada composición teórica, formulada con ese objeto y que se nos presenta en la actualidad, vista retrospectivamente en la historia, perfectamente imbuida del espíritu del tiempo en que es enunciada: el «Estado ético», como es descrito en la *Filosofía del Derecho* de Georg Friedrich Hegel. Si bien es cierto que la interpretación de sus motivos de actualidad constituye la temática de una discusión de muchos matices todavía en pleno desenvolvimiento[1], puede muy bien decirse que el Estado hegeliano en su construcción ideal aparece semejante a una catedral del estilo neogótico que se mantuvo en vigor en la arquitectura europea de la Restauración, con sus torreones y campanarios, marcando un ritmo de ascensión[2]. El modelo de las relaciones de comportamiento, como emerge de la concepción hegeliana, es justamente el de un organismo espiritual, eclesiástico o dominado por una rigurosa teleología unitaria o

---

1 Entre la vasta literatura sobre la materia, señalamos la reciente reseña hecha por G. Leone, *A proposito di «Hegel e lo Stato» di E. Weill:* Ann. Facoltà Giurid. Univ. Bari (1966), estr. de p. 20.

2 Es importante observar que precisamente en aquella época quedaba terminada la catedral de Colonia. Como escribe H. Sedlmayr, «el renacimiento de la iglesia gótica asume, en consecuencia, el carácter de una restauración» *(Perdita del centro. Le arti figurative del XIX e XX secolo como sintomo e simbolo de un 'epoca,* Torino 1967, 90).

proyectado, por así decirlo, en la interioridad psicológica, envuelto y verificado en un sistema normativo-dogmático. Esto representa, en realidad, el término de mediación entre el sujeto humano singular y el absoluto racional de la Idea. Para evitarle a la imagen propuesta, cualquier tipo de equívoco posible, es oportuno, de otro lado, replicar que Hegel traspone el modelo tradicional comunitario de «iglesia» en nuevos términos laicos e inmanentistas, como lo confirma, a contrariis, su apreciación de la iglesia católica (que es por naturaleza sacramental; es decir, va integrada como un sistema de cohesión entre lo humano y lo divino), tal como un organismo estatal, esto es, considerada como una formación política y jurídica[3].

De todos modos, el Estado ético de concepción hegeliana, como luego se presenta reflejado y examinado en innumerables páginas de teóricos en Alemania y en otros países europeos, se define como un Estado-Iglesia, en el cual se verifica lo que es una serie continua de relaciones y reacciones de naturaleza intersubjetiva, puesta en evidencia a partir del esquema ritualístico que había sido elaborado en los siglos precedentes por la experiencia eclesiástica, especialmente la católico-romana. Como ha observado Marx en páginas mordaces, y en el presente ya famosas, en ese modelo de Estado alcanza un papel preeminente la burocracia[4], la misma que consiste en una clase social investida de la prerrogativa de ejercitar una función directiva de voluntad, en cuanto que funciona como una red de trasmisión de los símbolos del poder y del mando gubernativo; es portadora tanto de energía (la autoridad jurídica) cuanto de información (la disposición legislativa); sin embargo, esta clase asume, en la concepción de Hegel, un carácter hierocrático, que la coloca por encima de la sociedad civil de los productores, como la jerarquía clerical se eleva sobre la masa de los fieles. En palabras de Marx, los funcionarios de la administración pública serían para Hegel «los jesuitas del Estado».

Nos hemos referido a la obra de Hegel como a una composición conceptual, comprensiva y esclarecedora de las formas de pensamiento dominantes en una época, la de la Restauración, y que no encuentra por ello un término preciso de confrontación con una representación análoga en nuestro tiempo. Más aún, sirviéndonos nuevamente de una metáfora, podemos decir que en la situación cultural de hoy se viene delineando, siempre con mayor claridad, la figura del Estado actual como «Estado-fábrica», o sea, como un complejo de servicios, dirigido a la producción de ciertos «bienes de convivencia» y articulado conforme a un principio regulador de relaciones de subordinación, de división del trabajo y de controles operacionales, de los cuales un ejemplo a

[3] Observaciones interesantes sobre la importancia reconocida por Hegel a la organización de la iglesia católica romana se encuentran en el libro de A. P. d'Entrevés, *Il fondamento della filosofia giudirica di G. F. Hegel,* Cobetti, Torino 1924, 63-4.

[4] Son las páginas comprendidas en la *Crítica de la filosofía hegeliana del Derecho Público,* en K. Marx, *Obras filosóficas de juventud.*

escala reducida, de carácter unidimensional y en términos simplificados (respecto a aquellos en que se articula la actividad del Estado), es el que nos ofrece la fábrica.

La «fábrica» constituye en realidad, en la perspectiva de la tecnología contemporánea, el fenómeno tipo a través del cual se sigue el proceso de la producción industrial, cuyo ritmo expansivo marca fuertemente con su sello el carácter de la así llamada «sociedad de consumo». La imagen de la fábrica como colectividad de trabajo, organizada conforme a un criterio de racionalidad metódica, constituida por su fisonomía anónima peculiar, llega obviamente a sustituir la antigua configuración de la familia patriarcal, entendida en el sentido amplio del vocablo, que representaba el elemento unitario de base en el ciclo económico de la producción agrícola primitiva y que ha influido profundamente en la representación del Estado patrimonialista y paternalista, prolongada por siglos y que permanece todavía en la imaginación[5].

2. VALORACION PRODUCTIVISTA DE LA ACTIVIDAD ADMINISTRATIVA

Adviértase que la imagen nueva de la fábrica, adaptada al Estado contemporáneo, es requerida por las condiciones particulares en que la actividad de tal Estado se desarrolla, desde el momento que éste ha asumido decisivamente, la tarea de dirección y promoción de la vida económica, sea en las formas de colectivismo totalitario, sea en las de economía programada o mixta. El Estado, en cuanto gestor de servicios económicos esenciales y de complejos monopolísticos de hacienda, responsable de la planificación (en diversos grados y variedades de nivel), es hoy en día un organismo cada vez más sometido a la racionalidad económica de los procesos productivos, y aún debe considerársele como un mecanismo disciplinado por la lógica de la producción industrial, regulado por las exigencias del consumo de masas, comprendiendo en la categoría del «consumo» a todas las formas de bienes usufructuables de orden material o psicológico. El ejemplo más indicativo de la evolución que se ha verificado en el ámbito de la experiencia estatal, desde la época de la toma, por parte del Estado, de los servicios de la enseñanza y de los transportes ferroviarios hasta hoy, es el que ofrece la estatización de los medios de comunicación de masas, es decir, la radio y la televisión. Observado bajo ese perfil, adquiere su debido sentido el carácter del Estado-fábrica como productor y distribuidor de mensajes informativos, destinados a orientar el comportamiento de los sujetos mediante el recurso a un discurso «indirecto» que se agrega y se integra al discurso «directo» constituido por las

---

5 Antonio Negri habla de Estado-fábrica en *Alcune riflessioni sullo «Sialo dei paniti»:* Rivista Trimestrale di Diritto Pubblico (1964) 60, 41, n. 57. La fórmula se encuentra ya en Saint-Simon: cf. D. Fisichella, *Il potere nella società industriale,* Morano, Nápoli 1965, 64-65.

disposiciones normativas. Se ha llegado así al punto de definir el Estado conforme a un modelo cibernético de elaboración programada de datos correspondientes a la información, comunicación y decisión de los comportamientos políticos[6].

También el criterio valorativo de la eficacia de la administración pública, en un cuadro como el que se ha señalado a grandes rasgos pero que es familiar a nuestra experiencia cotidiana, puede ser entendido como regla de medición de la *productividad*. Los estudios recientes de la ciencia de la administración han conferido justamente el significado debido a la tecnología aplicada en el campo de los servicios públicos, tanto a efectos de racionalizar el mecanismo productivo (para pasar, como se ha escrito, del *gouvernement des hommes* del Estado-gendarme a la *administration des choses* del Estado industrial), como a efectos de poder establecer un coeficiente estadístico de productividad. Como lo ha demostrado Ardant, «las posibilidades de medir, de cifrar la utilidad de un servicio público son mucho mayores que cuanto pudiese creerse a primera vista. Aquellos mismos datos que parecerían resultar de la impresión simple, de la apreciación cualitativa, son susceptibles de recibir una determinación numérica. Queda —es evidente— un elemento de «cualidad» no mensurable, irracional, pero es posible, mucho más de lo que se cree, limitar su papel (en el cálculo que se hace)»[7].

En este campo de análisis y discusiones, sin penetrar en las cuestiones generales pertenecientes a la ciencia de la administración como tal, proponemos aquí concentrar la atención sobre algunos aspectos merecedores, a nuestro parecer, de interés especial con relación al tema de fondo de todo el estudio presente y que sirven para evidenciar el carácter de «artificialidad» conferido al Derecho en la experiencia contemporánea. Así, el problema de la instrumentación mecánica en la administración de la justicia y el problema de la mecanización serial, no episódica, de ciertos servicios administrativos, aparecen condicionados por el empleo de instrumentos de naturaleza electrónica y hasta por una metodología de orden cibernético, necesaria para encuadrarlos en la programación.

Estos problemas entre sí llegan a conformar dos aspectos altamente innovadores en la relación que se establece entre el sujeto del derecho y el ordenamiento jurídico, dado, que ellos admiten la presencia de un elemento tecnológico en el desarrollo de las relaciones jurídicas que pertenecían hasta ahora a un orden de relaciones humanas típicamente psicológico: el único instrumento de valoración reconocido era el simbólico del equilibrio atribuido

---

6 K. Deutsch, *The Nerves of Government*, The Free Press, New York 1963.

7 G. Ardant, *Technique de l'Etat. De la productivité du secteur public*, PUF, París 1953, 84. Trad. cast. *Técnica del Estado sobre la productividad del sector público*, Instituto de Administración Pública, Madrid 1962.

a la Justicia. Es cierto que también en el pasado se ha recurrido a varias formas de la técnica: por ejemplo, desde que existe la ley escrita, ésta se ha valido de instrumentos y de expedientes idóneos para su publicación, empezando con el uso del cincel sobre tablas de piedra y de la pluma sobre pergaminos, hasta la impresión tipográfica de los decretos y de los códigos porque el Derecho ha sido siempre un procedimiento de trasmisión de los símbolos normativos tanto de la conducta, como de las estructuras de la acción humana en la vida común, que aparece reflejada y definida en la letra de la ley.

Esta forma de reproducción y difusión de los símbolos no servía, sin embargo, para caracterizar el procedimiento de comunicación, como por el contrario valían, para hacerlo, ciertas formas del ritual judicial o legislativo. La novedad de las aplicaciones actuales de la tecnología industrial, y en particular de la electrónica, al Derecho consiste precisamente en el hecho de que ahora el atributo de la mecanización llega a insertarse y a condicionar la organización jurídica en su desenvolvimiento, asumiendo una significación de ritual, como fue en el pasado, el acta verbal por mano del Secretario de Corte, la expedición del certificado por mano del empleado, el cómputo de los votos por mano del magistrado, etc.

3. CIBERNÉTICA Y ORGANIZACIÓN JUDICIAL

También la administración de justicia, que es monopolio esencial del Estado moderno, puede ser concebida en términos de productividad económica. Hay que considerar, en efecto, el costo de las operaciones correspondientes al desenvolvimiento y a la ejecución de las providencias judiciales: por ejemplo, el costo de ejecución de una condena penal no equivale simplemente al gasto de mantenimiento de un preso, sino que comprende también el gasto de los aparatos judicial, represivo y de vigilancia, y del trabajo perdido para la sociedad. Por consiguiente, aparte del valor ético de la pena, subsiste el problema de la conveniencia y eficacia del servicio prestado por el Estado por cuenta de la comunidad, cuyo resultado también se puede calcular en términos cuantitativos, económicos y estadísticos, teniendo en cuenta la reincidencia, la fallida reintegración social de quien haya purgado una pena, la eficacia intimidatoria ejercitada, etc. Una concepción del Estado-fábrica, productor colectivo de servicios públicos, obliga a considerar la actividad de sus órganos bajo el aspecto de la eficiencia organizativa y a valorar la organización administrativa bajo el perfil eminente de la categoría del control ejercitado, en sentido operacional, sobre la vida social, en sus efectos visibles y calculables.

Estas observaciones iniciales de orden metodológico están orientadas a aclarar más el problema que nos interesa particularmente en este campo, esto es, la racionalización instrumental del proceso judicial, visto como una fase de elaboración en el ciclo productivo de la administración judicial: problema diferente de aquel que se ha considerado en el capítulo precedente, respecto de la posibilidad lógica de aplicación de los procedimientos cibernéticos al Derecho. Esta vez el problema se presenta en sentido contrario; es decir, el problema consiste en la inserción del Derecho (entendido como hecho operativo y productivo), en el cuadro organizativo de una época como es la que vivimos, caracterizada por la automatización y sus consecuencias de orden práctico. No se trata entonces de determinar si es lógicamente admisible un Derecho «hecho a máquina», ni si es oportuno instalar en las salas de los Tribunales una «máquina escupe-sentencias» como se ha dicho irónicamente; se trata más bien de observar qué factores de incidencia pueden verificarse con la aplicación de los nuevos recursos ofrecidos a la organización de la justicia por el desarrollo tecnológico en el campo cibernético.

Se ha hablado, como de un rasgo fisonómico distintivo de nuestro tiempo, el de un proceso constante de transferencia de funciones, del hombre a la máquina[8], que acomete de ahora en adelante ya no solamente el sector de la fatiga muscular, sino el de la mental. El ahorro de las energías mentales, a diferencia del caso de las físicas es, sin embargo, calculable solo con relación al factor tiempo en el empleo de energía requerida: por ejemplo, si se considera la operación de búsqueda de un dato normativo en la masa de disposiciones legislativas, efectuada a fin de establecer un elemento de juicio, el tiempo dedicado a la búsqueda debe considerarse sustraído al trabajo intelectual necesario para desarrollar el razonamiento jurídico. Surge así la exigencia de abreviar el tiempo, si no del examen y de la discusión mental, esto es, lo relativo a la formación del juicio, por lo menos de la indagación (comúnmente llamada «material») dedicada al hallazgo de las fuentes legislativas, de los precedentes judiciales, de los comentarios doctrinales. ¿Es posible ejecutar en orden a tal dimensión de trabajo jurídico, una sustitución del hombre por la máquina una vez que se tenga la disponibilidad, inconcebible en épocas precedentes, de los cerebros electrónicos? El debate ha sido ya abierto en Italia, con relación al proyecto de un centro mecanográfico adjunto al Tribunal de Casación, para la recolección e investigación de los precedentes jurisprudenciales.

A propósito, de esto, ha de observarse ante todo que la ejecución de un proyecto tal no tendría en verdad un carácter innovador, ni mucho menos destructivo, por dos razones: la primera, que en el sistema jurídico italiano el precedente judicial no es obligatorio para el juez, quien se sirve del mismo solo a título de orientación; la segunda, que un repertorio mecanográfico no sería otra cosa que un paso adelante en el procedimiento ya en uso de la compilación de un catálogo de sentencias, consultable por medio de índices. Sin embargo, el anuncio del proyecto ha bastado para suscitar vivas objeciones. Sobre el tema de la utilidad de los catálogos, ya un autorizado estudioso como Gorla había opuesto fundadas reservas[9], aunque sin estorbar por esto la

8 R. Caussin, *Le transfert de fonction de l'homme à la machine*: Diogene 28 (1959) 125 y ss.

9 G. Gorla, *Lo studio interno e comparativo della giurisprudenza e i suoi presupposti: le raccolte e le tecniche per la interpretazione delle sentenze:* Foro Italiano LXXXVII (1964) P. V. 73-87.

oportunidad de valerse de nuevos medios de investigación y control. Otros, como Pérsico, han convenido en la utilidad de la aplicación del modelo cibernético al esquema del proceso judicial, ya que «aparece, en efecto, como un conjunto de actos preordenados y regulados para suministrar un complejo de 'informaciones' al juez. El mismo principio del doble grado de jurisdicción, del control de casación, de la corrección de las sentencias, etc., incluso un principio general como el del contradictorio, son reconducibles, con las debidas advertencias y aproximaciones, al concepto cibernético de 'control', de 'autogobierno' del sistema». El mismo autor, sin embargo, ha sostenido que la idea de automatizar y objetivar completamente por lo menos una fase del proceso (recopilación de precedentes) debe en esencia «considerarse fallida por principio»[10]. Otros todavía, como Antonio Guarino, han ahondado en el tema escribiendo que, «para evitar que la conformidad de la jurisprudencia se forme por el influjo de las recopilaciones mal formuladas, no solamente es necesario huir de los cerebros electrónicos, sino que será necesario insistir al máximo a fin de que cese el uso de reducir las sentencias a expresiones deformadoras de su verdadero significado»[11].

Las reacciones suscitadas por este primer intento, en verdad tímido e inocuo, que se ha pretendido con la introducción de procedimientos cibernéticos como función auxiliar para la organización judicial, parecen más bien excesivas. El recurso a la *information retrieval* para la investigación de los precedentes no es en absoluto sustitución del trabajo de análisis que el juez deberá igualmente completar, una vez encontrada la sentencia que le interesa; en esto, a lo más como integrante de la fase preliminar de la indagación consiste hoy el examen de anuarios de revistas jurídicas o la utilización de los fascículos de los archivos judiciales. Justas, en consecuencia, las objeciones de método jurídico, en lo que respecta a la abstracción y aproximación a las sentencias; pero oportuno necesariamente todo intento de poner al día los servicios siguiendo las formas tecnológicas más avanzadas.

4. LA CLASIFICACIÓN AUTOMÁTICA DE LAS LEYES

Por el contrario, mucho más enconado se presenta el problema de saber si es posible organizar la condensación y la memoria electrónica de las disposiciones de ley, cuyo número aumenta en progresión geométrica, tanto como para que ello constituya por sí mismo, según ciertos autores, el elemento determinante de la llamada «crisis del Derecho», y para que de todos modos incite a corregir el dicho antiguo de que *ignorantia legis neminem*

---

[10] L Persico, *Elettronica, cibernetica e processo (Dal verbale magnetico al massimario automatico: introduzione a nuove ricerche)*: Rivista Trimestrale di Diritto e Procedura Civile XIX (1965) 1723ss; *Ancora sui calcolatori elettronici, la «giurismetrica» e l'uniformità della giurisprudenza:* ibidem XX (1966) 1466 y ss.

[11] A. Guarino, *Un «computer» non basta per giudicare secondo la legge*: Corriere della Sera (6 junio 1967).

excusat, por otro conforme al cual cada uno esté dispensado por ignorar la ley, ya que es imposible conocer las ahora innumerables disposiciones de ley que, puede decirse, circundan cada acto particular de la vida económica y social. Y es sobre este punto la investigación de la norma, que agudiza el interés científico por la jurimetría, incluso en países donde existen sistemas jurídicos basados en la *case law,* como son los de cultura anglosajona. En estos países obviamente no se considera que la búsqueda del precedente judicial pueda agotarse con la indicación suministrada por un *Computer,* puesto que la motivación de la sentencia no se reduce ciertamente a un reenvío a casos precedentes, sino que implica la *construction* jurídica, y el mismo peso específico que tiene el hecho en el juicio induce en los juristas anglosajones a un actitud bastante menos conformista de la que podría creer el jurista acostumbrado al reenvío a la norma de la ley en los sistemas codificados.

El problema clave es hoy, sin embargo, el del hallazgo de las fuentes legislativas, y a eso se dirigen las hipótesis de trabajo y los experimentos de la jurimetría, con resultados por cierto no engañosos o insatisfactorios, como se ha señalado ya en páginas precedentes. En el campo de la investigación científica deben señalarse las experiencias que ha llevado a cabo el profesor Horty, de la Universidad de Pittsburgo, entre las cuales merece especial mención la pugna a que sometió a veinticuatro empleados judiciales, por un lado, y a una calculadora electrónica, por otro, para investigar fuentes relativas a una cuestión jurídica en el conjunto de los *Statutes* (leyes y decretos) de Pensilvania. Resultó que, en conjunto, la máquina equivocó la identificación del 4 por 100 de las normas, mientras que los empleados judiciales equivocaron el 53 por 100[12]. Al mismo Horty se debe la organización, en el Departamento de Defensa de los Estados Unidos, de un sistema de referencias a los tratados internacionales y a los demás documentos de importancia jurídica que se refieren a la condición de los marinos que prestan su servicio en el extranjero[13], iniciativa análoga a la ya preparada por sociedades comerciales de transportes y de seguros cuyos asesores deben hacer frente, para cada caso incoado en una nación diferente, a cantidades ingentes de leyes y de reglamentos particulares en idiomas distintos.

En Italia, el problema teórico de la clasificación automática de las leyes es objeto de estudio por parte del Centro de Documentación Automática (CDA) de Milán, cuyos promotores, A. Gallizia, E. Maretti y F. Mollame, han divulgado en variados artículos y contribuciones las líneas directivas de solución al problema, la cual está orientada a favorecer, de acuerdo con sus intenciones, el aligeramiento de la actividad judicial merced a la mecanización ciber-

12 C. Tapper, *Lawyers and Machines* Modern Law Review 26 (1963) 121 ss.; cf. p. 135.

13 D. Harris, *Computers and International Law.* The International and Comparative Law Quarterly 5 (1966) 551 y ss.

nética[14]. En este aspecto de la investigación, dirigida a reducir el lenguaje jurídico a formulaciones adaptadas a un programa electrónico, la tarea que se pretende es difícil y delicada, porque se trata, si no de producir un Derecho Artificial, por lo menos de elaborar con precisión un lenguaje artificial del Derecho, un auténtico metalenguaje jurídico. En efecto, los autores citados no se limitan a proponer fórmulas de conversión, o una simple traducción de las palabras utilizadas en el lenguaje legislativo (que es evidentemente un lenguaje natural siempre, porque se habla a menudo o por lo menos porque es inmediatamente inteligible) en símbolos lógicos y matemáticos; muestran más bien la necesidad de valerse de un procedimiento de simplificación y de transformación del contenido semántico de la proposición normativa que, sin alterar el núcleo conceptual, clarifique la sintaxis lógica y complete una síntesis funcional, compuesta de elementos fungibles, de modo, que se pase de un organismo expresivo completo a una composición mecánica adicional[15].

Aunque los investigadores del CDA declararon expresamente su deseo de actuar en el terreno del análisis y de las operaciones de orden lingüístico, dado que el archivo automático puede completarse solo a condición de determinar el núcleo significante de cada documento y de proceder a su identificación con uno o más símbolos, lo que sucede es en realidad la sublimación del dato normativo, un paso operado desde la «proposición normativa» a la «regla» que está contenida en ella. De la aplicación de las reglas de deducción-reducción a la proposición normativa resulta que sustituimos el conocimiento lógico-intuitivo del discurso jurídico, el descifre de una cadena de símbolos, cada uno de los cuales remite a una expresión significante, aislada de su tejido lingüístico, a la que debe ser reintegrada sucesivamente. Arriesgamos de esta manera encontrarnos en la condición, que ha sido agudamente descrita como la de quien conoce el alfabeto, la gramática y la sintaxis de una lengua muerta (por ej., la etrusca) sin conocer el significado de cada vocablo[16]. El término jurídico, en efecto, es por sí mismo un símbolo (lingüístico y no matemático) de ciertas operaciones a realizar, que precisamente están indicadas por el uso proposicional, con el cual dicho término queda modelado en sus diversos significados particulares, de donde resulta la utilidad incontestable de los pasos dirigidos a precisar las variaciones de sig-

---

14 A. Gallizia, E. Maretti y F. Mollame, *Cibernetica, meccanizzazione e crisi della giustizia*: La Magistratura XX (1966) 8, n. 5-7. Numerosos artículos de los mismos autores han aparecido en el diario *Il Giorno* de Milán, en el curso de los últimos tres años.

15 A. Gallizia, E. Maretti y F. Mollame, *Diritto e automazione, analisi automatica di testi giuridici: una ipotesi di lavoro:* Temi 6 (1966) estr. de p. 16. cf., de los mismos autores, el informe presentado al Consejo nacional de investigaciones: La ricerca scientifica 36, n. 8. (1966) 785-86.

16 E. Agazzi, *Alcune osservazioni sul problema della intelligenza artificiale*: Rivista di filosofia neoscolastica LIX (1967) 1 y ss.; cf. especialmente p. 23.

nificado de un término en diversos contextos, como las que han sido realizadas por los autores mencionados[17].

5. LA MECANIZACIÓN DE LOS SERVICIOS ADMINISTRATIVOS

Los reflejos intelectuales de los nuevos esquemas operativos de los procesos de automatización y de los modelos cuya estructura es de tipo cibernético, que suponen el empleo de calculadoras electrónicas, fueron advertidos con la suficiente rapidez en el campo de observación y experimentación de los órganos de la administración pública también en Europa. Nos referimos específicamente a las perspectivas de investigación abiertas por estudiosos franceses, entre las cuales se recuerda con complacencia que la edición original del volumen de Norbert Wiener, *Cybernetics,* apareció propiamente en Francia, en París, en una edición de Hermann de 1947, a pesar que su primera traducción en lengua francesa siguió cinco años, después, en 1952. En Francia, por las bien conocidas razones históricas unidas a la Revolución y al ordenamiento napoleónico, la ciencia de la administración goza de un prestigio cultural particular, por lo que a menudo restablece el viejo tronco de la tradición. La razón fundamental del interés suscitado por las nuevas posibilidades de aplicación de la cibernética al trabajo administrativo se reconoce, no obstante, en la avanzada conciencia industrial de la sociedad francesa y en la disposición a valerse del principio de racionalización, de carácter iluminista, a fin de suministrar claros y brillantes modelos teóricos de interpretación de la realidad social y, en este caso, de la actividad administrativa.

Un ejemplo diáfano de tal mentalidad es el que ofrece el estudio de Georges Langrod sobre las aplicaciones de la cibernética en la administración pública, conocido ya por los lectores italianos, porque reproduce el texto de una conferencia que dictó en mayo de 1958 en la Escuela de Perfeccionamiento de Ciencias Administrativas, de la Universidad de Bolonia, y publicada en una revista italiana[18]. Según Langrod, después de la aparición de la obra de Alfred Korzybski, en la que estaban formulados los principios de la «semiótica general» (o mejor, para valernos de una expresión suya destinada a una celebridad mayor, la de *human engineering),* que es de 1921, se habría verificado «esta revolución copernicana, consistente en interpretar la sociedad en su totalidad, en función de una teoría de la comunicación», para la cual la concepción cibernética sucesiva representa una especie de modelo ideal de gran amplitud, aplicable también al estudio del fenómeno administrativo. De tal manera, a juicio del estudioso francés, «la Administración pública puede concebirse como

---

[17] Un ejemplo de investigación eficaz es el expuesto en el estudio sobre *Il linguaggio urbanistico* (editado por varios autores, entre ellos A. Gallizia): Il dibattito urbanistico I, 2 (1965) 69-80.

[18] G. Langrod, *Le applicazioni della cibernetica alla pubblica amministrazione:* La scienza e la tecnica della pubblica amministrazione V (1958) 580 y ss. El texto original en francés ha aparecido en la *Revue internationale des sciences administratives* 2 (1958).

un 'mecanismo compensador' grande y complejo, cuya acción en cierto sentido no es sino una serie heterogénea de diversos *feed-back,* mientras que la acción administrativa aparece como un conjunto de informaciones que transformar y difundir en un 'universo resistente' que exige una nivelación». El recurso a los calculadores electrónicos, en el sector de la ciencia de la administración, permitirá, en consecuencia, conforme a las conclusiones de Langrod, «la racionalización revolucionaria del trabajo, el aumento al doble de la productividad, la simplificación de los servicios, la circulación fácil de la información».

Es fácil observar en el pensamiento de este autorizado estudioso la persistencia de una actitud *cientificista* que distingue a grandes sectores de la intelectualidad francesa; en su lenguaje puede ponerse de relieve la frecuente aproximación analógica a imágenes y sugestiones propias al mundo operativo de la fábrica y que se refieren a la exigencia de una adecuación funcional a los procesos de producción de la industria contemporánea.

6. MEHL: LAS APLICACIONES DE LA CIBERNÉTICA

Una investigación profunda sobre el mismo tema es la que ha realizado Lucien Mehl, *directeur des stages* en la Ecole Nationale d'Administration. La misma fue publicada en el transcurso de tres años (1957-59) en *La Revue Administrative* y tiene el mérito no solamente de estar basada en una información doctrinal amplia y en una gran observación experimental, sino también de apoyarse en juicios muy equilibrados, exentos de pretextos para el entusiasmo fácil y más bien señalando reservas precisas acerca de la utilidad de ciertos puntos de vista susceptibles de deteriorarse cayendo en lugares comunes superficiales, como es, precisamente, el caso de la vinculación entre la organización industrial y la administrativa, que hemos mencionado a grandes rasgos[19].

Vale la pena detenernos brevemente en el asunto, que es, en cierto modo, de carácter previo, a fin de entender las relaciones que pueden establecerse entre los procedimientos administrativos tradicionales y los nuevos procedimientos tomados de los modelos que ofrece la automatización en el campo industrial. Según Mehl, el Estado no puede ser asimilado a una empresa porque uno y otra no obedecen a las mismas finalidades y están con frecuencia sometidos, en el ejercicio de su actividad, a reglas de naturaleza antitética. La empresa industrial está organizada y dirigida a la búsqueda de un beneficio,

---

[19] L. Mehl, *La cybernétique et l'administration.* I: *Vers une conception cybernétique de l'administration*: La Revue Administrative X (1957) 410-19; II: *Les applications de la conception cybernétique de l'administration:* ibidem XI (1958) 539-45; III: *L'adaptation de l'administration à ses fonctions:* ibidem XI (1958) 667-71; IV (cont.): ibidem XII (1959) 201-7; *Les applications de la conception cybernétique de l'administration:* ibidem XII (1959) 531-44. En el texto, las referencias al estudio de Mehl se harán indicando el número del articulo y de la página.

esto es, opera dependiendo de intereses particulares; el Estado, por el contrario, se preocupa no por obtener un beneficio, y menos aún por salvaguardar un menor costo de producción, sino por procurar servicios públicos para los ciudadanos cuyo derecho es exigirlos y por perseguir objetivos fundamentales y comunes para la nación entera. El poder público no puede, en consecuencia, discriminar entre los ciudadanos destinatarios de dichos servicios, ni tomar decisiones inmotivadas, y menos aún mantenerlas ocultas, como le es permitido hacer a la empresa privada, dado que la acción total del Estado está permanentemente sometida al control jurídico. No tener en cuenta tales diferencias significa anular los caracteres distintivos de los dos términos de referencia y confundir lo público con lo privado (III, p. 670).

Se le puede objetar a Mehl –apreciando, empero, la escrupulosidad y la precisión de sus observaciones– que se vale para sus análisis de criterios tradicionalmente válidos pero inadecuados para recoger el carácter innovador del proceso en curso, que establece un perfil diverso en la consideración de las relaciones entre empresa pública y empresa privada (a veces no fácilmente distinguibles entre sí aun en los regímenes en los que sobrevive la libertad de iniciativa económica) y que consiste, sobre todo, en una asimilación de métodos y de comportamientos, cuya resultante es una estrecha afinidad, no bajo el aspecto teleológico, sino bajo el operativo. Como ha anotado además el propio Mehl, la *recherche opérationelle,* surgida en el campo de la experiencia militar y luego extendida a la gestión de la empresa económica, puede ser aplicada también con provecho en el campo de la administración pública (IV, p. 202ss.). Le ocurre hoy de operar *non seulement en tendance, mais aussi en tensión,* en cuanto su acción puede estar atrasada respecto a la usanza y a las exigencias requeridas por la evolución social, entonces sirve de freno; sin embargo, más a menudo es el ambiente social el que representa un freno, y la administración pública, al contrario, constituye un elemento propulsor de progreso, dirigiendo y disciplinando el comportamiento colectivo. En consecuencia, una concepción semejante de la actividad administrativa no puede reducirse a la dimensión vislumbrada por Mehl, cuando afirma que *l'administration ne fabrique rien,* porque ésta se limita a recibir informaciones, declaraciones, estadísticas, etc., transformándolas y remitiéndolas a los órganos interesados bajo la forma de decisiones (I, p. 418). Estamos en presencia, evidentemente, de un proceso de producción que consiste, cuando menos, en la actividad de transformar un mensaje, como ocurre con una materia prima en la fabricación industrial, en la cual se verifica, además, un aumento siempre mayor en porcentaje del personal adscrito a los servicios administrativos respecto al de obreros, por las exigencias propias de trabajo en el ciclo productivo de una empresa moderna.

Si bien es cierto que la actitud de Mehl frente a la nueva problemática está en conjunto informada por un espíritu de prudente valoración y de crítica reflexión (de lo cual es muy significativa su admonición a «preferir la actitud del médico a la del ingeniero reconstructor» (III, p. 670), también es cierto que Mehl sostiene que la cibernética es una revolución intelectual que «no solamente libera nuestro espíritu, descargándonos de lo que hay de mecánico en nuestro pensamiento, sino que, de otro lado, nos obliga a reconstruir, con renovado rigor, conceptos y razonamiento; y esto es verdad no solo para las ciencias exactas y técnicas, sino también para las ciencias sociales y normativas» (V, p. 542), llegando hasta auspiciar una «máquina para consultas jurídicas» del tipo que ya hemos descrito en el capítulo precedente. En este marco, Mehl suministra una perspectiva bastante abierta de las aplicaciones de la cibernética (o, digámoslo de modo más específico, del cálculo electrónico) en la actividad de la administración pública. Se preguntará qué ejemplo concreto puede ofrecerse de tales desarrollos. Mehl recuerda oportunamente que en los Estados Unidos están ya en funciones desde hace tiempo «máquinas para votar», que proporcionan una ganancia enorme de tiempo en el escrutinio de las votaciones, suprimen los errores y hacen prácticamente imposible el fraude electoral. Quien haya tenido experiencia del trabajo en una mesa electoral, con sus complicados controles y sus inevitables márgenes de equivocaciones y agregados de reclamaciones, se da cuenta perfectamente bien del sentido de progreso en una innovación técnica tal. De otro lado, como lo reconoce el mismo autor citado, el calculador electrónico es apto no solamente para manipular los datos estadísticos en las combinaciones más variadas, sino también para elaborar modelos de previsión o de decisión en materia económica, o, en términos más generales, de organización social (como lo indicaremos en un capítulo posterior).

A la pregunta de si la mecanización de los servicios administrativos puede suscitar dificultades en el plano jurídico, Mehl responde decididamente en sentido negativo, dejando establecido que «el documento inicial y el documento final conservarán su aspecto usual». No es la máquina la que toma la decisión, aun si la máquina contribuye a elaborarla completamente en las fases intermedias; por tanto, habrá siempre «un documento de base que será, por principio, emanación del ente administrativo y una decisión final, que será a su vez emanación de la autoridad responsable» (V, pp. 543-44). Se trata de acelerar los procesos de rendimiento de la administración, sobre todo para adecuarlos (es la recomendación concluyente de nuestro autor) al grado alcanzado por la mecanización de la actividad burocrática en las empresas privadas, por la capacidad de previsión y por la eficiencia y la funcionalidad de las decisiones en materia de política industrial.

Las exigencias de una reforma tal, que el estudioso francés ha examinado con atención y competencia, han sido por lo demás advertidas en todas partes, de los Estados Unidos[20] a Italia[21]. No hay duda que el proceso mismo

---

20 C. R. Yauchen, *Automation and the Public Service: Impact, on Program and Method*: Public Administration Review XVIII (1958) 70-1.

21 E. Sciubba, *La meccanizzacione dei servizi della Pubblica Amministrazione,* en el vol. de varios autores publicado por V. Grillo, *Secondo corso di formazione per consiglieri dell'amministrazione*

de la evolución en curso supondrá una siempre más acentuada (y complicada) puesta en funcionamiento de una instrumentación automática de los servicios públicos administrativos, como ocurre especialmente en el campo fiscal, con la creación de centros de documentación anagráfica de control y de cálculo, para los cuales se hacen ahora indispensables los elaboradores electrónicos. Considérese la reforma organizacional que ha sido preparada en la República Federal de Alemania para lograr, precisamente, un control más rápido y eficiente de los contribuyentes: a cada ciudadano le será atribuido un número de identificación, semejante al de las placas de automóvil; ese número estará colocado en sus documentos personales y lo acompañará desde el nacimiento hasta la muerte. Todos matriculados: es ésta una de esas novedades que dan la sensación de haber entrado en una nueva era, caracterizada por la automatización que, por sí sugiere poder dominar la complejidad de las necesidades y de los procesos productivos de nuestro tiempo. Lo que interesa subrayar, unido a este punto, y antes de proceder a una discusión sobre el significado que esta transformación puede tener para el principio jurídico de la organización, es que la actividad administrativa está de este modo considerada bajo el aspecto eminente de una red de trasmisión de mensajes, dotada de centros de autorregulación, conforme a los principios del aparato actual de producción industrial, por el cual el procedimiento administrativo podría ser comparado al recorrido de una «cadena de montaje» instalada entre el proyecto y el producto de la información.

7. PERSPECTIVAS DE LA INVESTIGACIÓN JURIMÉTRICA

Con la rápida reseña crítica de las aportaciones ofrecidas por la cibernética al Derecho, considerado no ya en su estructura compositiva de razonamiento, sino en su corporeidad administrativa, hemos vislumbrado las otras «líneas de fuerza» posibles de la cibernética en el campo de la experiencia jurídica, en la cual se delinea una nervadura ramificada de problemas teóricos y de aplicaciones técnicas que admite reconocer en la jurimetría una nueva dimensión del pensamiento jurídico; es estudiada con el interés científico que indudablemente merece, por parte del estudioso de problemas jurídicos, puesto de frente a un nuevo aspecto de la realidad que ha tocado, puede decirse, los centros nerviosos de la cultura contemporánea[22]. También las cuestiones pertinentes a las funciones simplemente organizativas, esto es, auxiliares o subordinados respecto de la explicación de las tareas morales de la jurisprudencia, o bien instrumentales respecto del desenvolvimiento de la actividad de poder de la administración pública, tienen títulos para ser tomados en consideración en el ámbito de la jurimetría, precisamente porque ésta repre-

della Publica Istruzione (que reúne los textos de las lecciones dadas en la Universidad de Perugia en los meses de mayo-junio de 1959), Roma, 107 y ss.

22 Cf. el interesante estudio de F. Le Lionnais, *Bases et lignes de force de la cybernétique*: Diogène 9 (1955) 67 y ss.

senta una línea enteramente nueva de límites y de relaciones entre jurisprudencia y tecnología, línea que no tiene rigidez geométrica, sino la sinuosidad determinada por el continuo desarrollo de experiencias nuevas. Nosotros no sostenemos, en consecuencia, que los tratados de jurimetría deban desenvolverse, o más bien limitarse al campo de investigación de la semántica general[23]. El interés de la investigación que postulamos, consiste, por el contrario, en el hecho de que el fenómeno jurídico aparece irreducible al perfil lingüístico solo, en el cual había sido encerrado por la metodología de la escuela analítica, ya que dicho fenómeno puede encontrar una fórmula interpretativa en los modelos cibernéticos. Estos modelos son portadores de información, en cuanto se basan en esquemas de trasmisión energética (aunque es necesario tener bien establecida la distinción entre los dos niveles).

Del mismo modo, el derecho se compone de mensajes, esto es, de expresiones normativas en cuanto es, sustancialmente, en su capacidad de movimiento y de impulso, un complejo de estructuras de la acción humana en la vida social, que se simbolizan y se hacen comunicables por medio de un código de signos. Admitamos, no obstante, que las relaciones y las adaptaciones de los modelos cibernéticos a la organización jurídica (al sistema de los controles judiciales y administrativos) valen para poner en evidencia el carácter fundamental de actividad refleja propio del Derecho.

Por lo demás, es oportuno informar al lector que las directiva:; de investigación de la jurimetría, que han sido acordadas en el programa de trabajo del Jurimetrics Committee of the American Association of American Law Schools, cubren un amplio radio de intereses, en el centro de los cuales destaca, como es del todo legítimo, la atención dedicada a los problemas de la semántica, pero que se ensancha del mismo modo en un abanico, abarcando puntos de referencia de orden pedagógico o tecnológico que van más allá del aspecto semántico. Consignemos, tomándolas de la relación del año 1961, las direcciones dadas en la investigación mencionada. Se ofrecen en el siguiente orden de sucesión, al que, sin embargo, no parece que deba atribuírsele un significado de jerarquía en importancia[24]:

1) La utilización posible de materiales de autoenseñanza en programación electrónica para la orientación intelectual del jurista;

2) el uso de la lógica simbólica como instrumento analítico para la revisión y el control de las ambigüedades sintácticas en las tesis jurídicas;

---

23 J. R. Cades, *Jurimetrics and General Semantics*: ETC, A Review of General Semantics XXII (1965) 279 y ss. L'A. considera el recurso a la formulación matemática de los problemas jurídicos como un «pasatiempo intelectual» de los juristas (p. 29).

24 L. E. Alien, *The A.A.L.S. Jurimetrics Committee — Scientific Investigations of Legal Problems:* ARSP XLVIII (1962) 467 y ss. El artículo está, no obstante, dedicado a ilustrar el primero de los puntos enunciados en el texto, es decir, el uso de las llamadas «máquinas para enseñar».

3) el uso posible de los calculadores electrónicos y de otros medios de documentación automática como auxilio de la investigación jurídica;
4) la utilidad de la semántica (incluida la semántica general y los adelantos recientes de la lingüística) para mejorar la comunicabilidad del Derecho;
5) el análisis cuantitativo de los diferentes aspectos del procedimiento judicial;
6) las demás implicaciones que el desarrollo de las ciencias supone para el Derecho.

En este programa de trabajo ha quedado excluido, precisamente porque escapa a una localización de intereses, el motivo de fondo y la función de síntesis de toda investigación jurimétrica, esto es, la relación entre jurimetría y jurisprudencia, a la cual ha estado circunscrita nuestra argumentación.

No se puede investigar, evidentemente, el terreno particular de cualquiera de los puntos señalados en el planteamiento programático, sin presuponer que los demás han de ser estudiados en su ámbito experimental, dada la interrelación existente entre todos; para mayor abundamiento, el plano básico de la problemática jurimétrica requiere un examen crítico de certeza y de control extensivo, desde la factibilidad de los datos obtenidos hasta las hipótesis de trabajo. Es éste el nivel que puede llamarse nomológico, o sea, de la reflexión sobre la experiencia jurídica (ahora incluida también en la jurimetría) que surge y se impone cuando se ha sobrepasado el momento inicial de la aprehensión y de la utilización inmediata (práctica) del dato jurídico y el momento sucesivo (en orden lógico) de su mediación, o, por decirlo con un término característico de la cibernética, de su manipulación en el proceso de desenvolvimiento y de interrelación debido a la intervención total del operador de Derecho. En el caso de la jurimetría, la elaboración del dato jurídico puede tomar el aspecto de una operación mental de orden lógico-simbólico o bien semántico general o aun matemático (como en el recurso a procedimiento algorítmicos para la coordinación de los datos en el programador electrónico); y es ésta la novedad de los pasos de mayor evidencia, novedad que puede despertar una sensación de inquietud en el estudio de los problemas jurídicos, porque parece constituir, más que una transposición, una auténtica desviación de rieles en el orden metodológico, entrando en conflicto con tradiciones culturales y usos mentales profundamente enraizados. Empero, hay que admitir que la siempre mayor confianza pedida al hombre moderno para con el mundo de la máquina, y en el camino hacia ese mundo con un procedimiento mecánico de solución, favorecerá ciertamente la conexión de la experiencia jurídica con el método y con el empleo de una instrumentación automática[25].

---

[25] Cf. G. di Federico, *L'uso di strumenti elettronici nella amministrazione delta giustizia:* Rivista Trimestrale di Diritto e Procedura Civile XX (1966) 624-36.

8. LA AUTOMATIZACIÓN ADMINISTRATIVA Y EL VALOR DE LA JUSTICIA

Una cuestión ulterior puede incluirse en este campo, por lo menos con el único fin de eliminarla del número de los equívocos posibles; es la de la valoración ética referente a la incidencia de la mecanización en las formas de la organización jurídica, que aparecería sometida a la amenaza de una deshumanización intensificada o, como se le califica con un vocablo de moda, de una «robotización». Si el valor de la justicia es el pilar de toda la laboriosa construcción jurídica, edificada por el hombre en el mundo del espíritu, ¿qué consideración (si no es negativa) debe atribuirse a la importancia acordada al aspecto tecnológico, que de por sí está privado de emocionalidad y de autonomía? La pregunta, ahora debatida en las discusiones de filosofía general, puede ser «deliberada» (¡en el uso jurídico del término!) aun en esferas de competencia reservada a la jurimétrica, porque a veces se presenta bajo especie de desconfianza teórica frente al modelo propuesto de una «judiciabilidad» absolutamente objetiva, neutra, desinteresada del caso humano y que se puede referir, además de la sentencia del juez a la decisión administrativa.

Permítasenos referirnos a este respecto a un caso efectivamente ocurrido y que tiene el carácter de «broma» en las «cosas serias» de la jurisprudencia. En Suiza, en 1965, habiendo adoptado la Federación local de fútbol una computadora electrónica para el control y la aceptación de las solicitudes de inscripción en la categoría de jugadores profesionales, sucedió que una joven (cuyo nombre ha sido dado a conocer por las crónicas: Madeleine Boíl) presentó su solicitud; la computadora la recibió, verificó que era correcta y emitió el signo requerido. El fallo fue que la computadora, no sabiendo hacer la diferencia entre los dos sexos, concedió (por así decirlo, por su propia iniciativa) por primera vez la autorización a una mujer para jugar en un torneo regular de fútbol.

La cuestión de la consecuencialidad rígida y rigurosa en la aplicación de una regla no es, sin embargo, de referencia exclusiva a un instrumento mecánico, ya que es el mismo principio de la aplicación literal de la ley, que de por sí debe considerarse de naturaleza mecánica. Todo el formalismo jurídico, como el que presidía en la aplicación de las normas decretadas en las Doce Tablas, se rige por este principio, que tiene la dureza de la piedra. El problema verdadero está en saber si el recurrir a la regla es siempre necesario, o que sea, por el contrario, conveniente a veces acomodar el juicio a la situación concreta. No es verdadera deshumanización la de la máquina que ejecuta sin sentir ni comprender; lo es más bien aquella de magistrados íntegros y de celosos funcionarios que conocen y practican el respeto a la ley cueste lo que cueste.

III

LA IDEOLOGÍA CIBERNÉTICA

1. MERLEAU-PONTY: LA DENUNCIA DE LA IDEOLOGÍA CIBERNÉTICA

La expresión «ideología cibernética» se debe a una de las últimas intuiciones de Maurice Merleau-Ponty, el insigne pensador francés prematuramente desaparecido, y se encuentra en su último libro, terminado en 1960 e intitulado *L'oeil et l'esprit*[1]. En ese largo «elogio de la pintura», que se coloca frente a un célebre «elogio de la filosofía», también suyo, Merleau-Ponty discute la doctrina del espacio expuesta por Descartes en su *Dioptrique,* haciendo referencia a la obra del pintor en polémica contra la del científico, y sostiene que el espacio no consiste (como sostenía el filósofo racionalista) en una «red de relaciones entre los objetos», sino más bien en una perspectiva circular que surge del concretamente existente: *«c'est un espace compté á partir de moi comme point degré zéro de la spatialité».* No se puede comprender nada de todo lo que se refiere al hombre si no es colocándose en el punto de vista del hombre mismo o, como dice el propio Merleau-Ponty en una sugestiva definición que se asemeja a una imagen poética, el hombre es el espejo del hombre, *l'homme est miroir pour l'homme.* En el contexto de tal polémica entre racionalismo científico cartesiano y humanismo existencialista, se inserta y adquiere significación el fragmento de Merlau-Ponty que mencionamos a continuación:

> El pensamiento «operativo» se hace una especie de artificialismo absoluto, como puede verse en la *ideología cibernética,* según la cual las creaciones humanas son derivadas de un procedimiento natural de información, pero concebido en sí mismo a partir del modelo de las máquinas humanas. Si un género de pensamiento tal asume por sí mismo encargarse del hombre y de la historia, y si, fingiendo ignorar lo que de ambos sabemos por contacto o por posición, dicho pensamiento emprende su construcción, la del hombre y la de la historia, tomando los movimientos

[1] M. Merleau-Ponty, *L'oeil et l'esprit,* Gallimard, París 1964. El escrito está, sin embargo, fechado en julio-agosto de 1960. El pasaje citado se encuentra en la pag. 12 del texto.

de algunos índices abstractos, como se suele hacer en los Estados Unidos por obra de un psicoanálisis y de un culturalismo decadente, puesto que así el hombre llega a ser verdaderamente el *manipulandum* que piensa que es, se ingresa entonces en un régimen cultural en el que no hay ya ni verdad ni falsedad que toque al hombre y a la historia, en un sueño o en una pesadilla de los que nada será capaz de despertarlos.

La consideración hecha por Merleau-Ponty, que resucita y revive en términos nuevos un antiguo resentimiento contra el «cientificismo», hoy transferido contra la «tecnología», es suficientemente indicativa de un estado de ánimo, todavía bastante difuso entre los intelectuales de tradición humanística, de alarma, de protesta y de desconfianza en las confrontaciones con el nuevo tipo de civilización cibernética que domina ahora el horizonte del futuro inmediato. El interés particular de la página citada se encuentra además de su carácter de primicia cultural (en 1960, en Europa se estaba todavía en los inicios del debate filosófico sobre la cibernética), en el hecho que el escritor francés se valió del término, indudablemente claro y eficaz, de «ideología cibernética» para definir la condición espiritual de una sociedad tecnológicamente avanzada.

2. MARCUSE Y LA CONDENA DEL UNIVERSO TECNOLÓGICO

La apreciación que hemos considerado esclarecida se manifiesta de nuevo con ímpetu en el subtítulo de otra obra que aparece justamente como el desarrollo – diremos, incluso, la orquestación en doble clave, psicológica y sociológica – del planteamiento indicado por Merleau-Ponty. Se trata de una investigación debida a un estudioso, de origen alemán, pero emigrado ya desde hace varios años a los Estados Unidos, Herbert Marcuse, autor de un libro que recibió a sus aparición una gran acogida en América y que ahora está teniendo el mismo éxito en Italia, donde ha sido publicado con el título de *L 'uomo a una dimensione. L 'ideología della societá industriale avanzata*[2]. Es un libro de evidente importancia para nuestro tiempo, dado que el análisis de la condición humana se lleva a cabo con riqueza y penetración de observaciones, empapadas, si se quiere, de cierta acrimonia respecto, precisamente, a aquella sociedad en la cual el autor ha encontrado refugio y seguridad, pero frente a la cual se diría que mantiene una posición interior de rechazo, permaneciendo quizás nostálgico de una sociedad diferente, la de la «inteligencia» europea, con sus tradiciones y sus problemas de vida[3].

De cualquier manera, a nosotros aquí solo nos interesa poner de manifiesto que, según Marcuse, «la cultura industrial avanzada es, en sentido es-

---

2 H. Marcuse, *One-Dimensional Man. Studies in the Ideology of Advanced Industrial Society*, Beacon Press, Boston 1964. Trad, cast.: *El hombre unidimensional*, Seix Barral, Barcelona 1969.

3 Sin entrar a discutir otros temas que el libro pone en evidencia, observamos que en Marcuse hay un rechazo abierto a aquellos «privilegios culturales [que] expresaban la injusticia en la esfera de la libertad, la contradicción entre ideología y realidad pero también ofrecían un reino bien protegido, en el cual las verdades prohibidas podían sobrevivir». Como ejem-

pecífico, *más* ideológica que aquella que la ha precedido, en cuanto la ideología está en el presente insertada en el proceso mismo de producción». Marcuse previene del mismo modo la objeción que cualquiera podría formularle, según la cual «el mecanismo del universo tecnológico es indiferente, como tal, a los fines políticos [...]. Un computador electrónico puede servir igualmente a una administración capitalista y a una socialista», replicando así al interlocutor hipotético: «Cuando la técnica se convierte en la forma universal de producción material, delimita una cultura íntegra, configura una totalidad histórica, un mundo». De acuerdo con Marcuse, «el proceso de producción por medio de máquinas exige (como proceso social) que todo obedezca a un sistema de fuerzas anónimas, exige una secularización total y la destrucción de valores y de instituciones, cuya desacralización ha empezado apenas»; y este proceso determina un aplastamiento de la conciencia humana, más aún, su reducción a una sola dimensión, la externa o de relación social, con pérdida de la interioridad; el hombre se transforma, en suma como había sostenido Merleau-Ponty, en un *manipulandum*.

A este tipo de sociedad, descrita por Marcuse, en sus estructuras ideales, con rasgos profundos de Apocalipsis[4] y dominada por el factor central de la «producción de máquinas por medio de máquinas», o sea, de la automatización o «cibernización» (para valernos de un término que ilustraremos más adelante), se ajusta bien la fisonomía colectiva, que puede designarse como «ideología cibernética», expresión compuesta que resulta de la unión de dos palabras en realidad bastante diferentes, por origen y destino entre sí. Damos aquí, naturalmente, por descontado el significado del término «cibernética», del que hemos tratado al inicio del presente estudio. Algunas breves consideraciones merece más bien, para mejor encuadrar nuestra argumentación, el uso que hacemos de la palabra «ideología».

3. PROBLEMÁTICA ACTUAL DE LA IDEOLOGÍA

Se trata de una palabra de empleo corriente, e incluso abusivo, y de la que no hay necesidad de volver a trazar aquí la historia y fortuna. En su acepción común, por ideología se entiende toda doctrina referente a la valoración de los comportamientos sociales, por lo cual se le acompaña, poco más o menos explícitamente, el adjetivo «política». Sobre el significado, la funcionalidad y la necesidad de las ideologías está todavía en pleno curso el

plos de tales «privilegios culturales», recuerda Marcuse «el salón, el concierto, la ópera, el teatro, proyectados para crear e invocar una dimensión distinta de la realidad» (pp. 83-4). Se advierte además, sobre el plano estrictamente filosófico, que también Marcuse recogió, como lo había hecho Merleau-Ponty, las razones de la crítica que le hace Husserl a Descartes (cf. pp. 166 y ss.) y que su inspiración política deriva del marxismo, al igual que la de Merleau-Ponty.

4 Recuérdese la sutil diferenciación de U. Eco, *Apocalittici e integrati,* Bompiani, Milano² 1965. Trad. cast.: *Apocalípticos e integrados ante la cultura de masas,* Lumen, Barcelona⁵1977.

debate, e inclusive lo que se ha dado en llamar el «proceso a las ideologías»[5]. En un lenguaje filosófico más exacto, por «ideología» se entiende no simplemente la interpretación, el programa o el método referidos al hecho estrictamente *político*, esto es, a la lucha entre grupos (que pueden estar organizados en partidos) por la dirección de la vida social, sino también la transposición en fórmulas conceptuales de una condición histórica del hombre, el rasgo de conciencia que se asume frente a la realidad del vivir civil y, por consiguiente, la filosofía misma o la religión, que han sido consideradas (por obra de Marx) igualmente como «ideologías». Hay entonces, podremos decir, un significado «particular» (de «ideales» políticos que son característicos de la época contemporánea) y otro «universal» (esto es, comprensivo, en un sentido más vasto, de sistemas de «ideas») de las ideologías. En este segundo sentido, que no excluye al primero pero que lo supera, adoptaremos el término.

En consecuencia, la «ideología cibernética» no contempla (como lo sugiere Marcuse en el libro que hemos mencionado) el complejo de fuerzas políticas y de intereses económicos, englobado en un estadio avanzado de desarrollo tecnológico, por cuya causa el individuo queda desposeído de su espíritu (la dimensión interna de la libertad de elección de juicio, de iniciativa) e instrumentalizado al servicio de la producción de la industria de masa o de la industria de la muerte (la guerra). La «ideología cibernética» es, al contrario, la clave expresiva de una nueva actitud que la mente humana está obligada a admitir frente a la transformación de los modos de vida, determinada por el advenimiento de la: segunda revolución industrial y que se especifica y manifiesta en los campos más diversos de la actividad humana. En este sentido —es oportuno aclararlo— nosotros no admitimos el término «ideología» en una acepción peyorativa como subrogada de la filosofía, como «radicalmente falsificatoria», precisamente porque está estrechamente unida a la condición histórica de nuestro tiempo, incapaz de elevarse a «revelaciones» de una verdad de contenido eterno[6]. Nos limitamos, por tanto, a hacer una «revelación» de la situación espiritual existente de hecho, acogiendo la sugestión de proceder a un análisis «ideológico» de la revolución cibernética y considerando un carácter peculiar del discurso ideológico; el de ser no rigurosamente racional, sino humanamente razonable[7], o sea, orientado conforme a principios de una lógica de la argumentación, y no conforme a los de una lógica de la demostración en sentido absoluto e incontrovertible[8].

---

5 Cf. P. Corbett, *Ideologies*, Hutchinson, London 1965, y nuestro comentario en el art. *Processo alle ideologie:* Corriere della Sera (12 agosto 1966) 3.

6 Cf. la dura crítica, hecha con reflexión filosófica bastante elegante, de L. Pareyson, *Filosofia e ideologia*: Filosofia XVIII (1967) 219 y ss.

7 Cf. el persuasivo estudio de L. Bagolini, *Ideologie, comunicazione e diritto:* Giustizia e Società IV (1966) 279 y ss.

8 Que el discurso ideológico deba valerse de una metodologia similar a la de los juristas, más que a la de los matemáticos, es una tesis derivada de la obra de Ch. Perelman y L. Olbrechts-Tyteca, *Traité de l'argumentation*, PUF, París 1958.

4. LA APARICIÓN DE LAS «COMPUTADORAS»

Empecemos tomando en consideración la presencia misma, en su evidencia material, del factor cibernético en la civilización industrial contemporánea, presencia por la cual el índice de más elevado valor exponencial está constituido por el número de *computers,* o calculadoras electrónicas, que se encuentran en funcionamiento. Por falta de datos estadísticos precisos, derivados de una información adecuada de la que se carece, nos vemos obligados a valernos, como fuente de conocimiento, de los datos proporcionados por la prensa diaria o periódica, pero que, por otra parte, presenta la ventaja de procurar indicaciones utilizables en un cuadro de conjunto notable, en el contexto de un discurso enriquecido con elementos tipológicos no extraídos de tablas de datos estadísticos, sino obtenidos directamente.

De acuerdo con el corresponsal de un diario tan autorizado como el *Corriere della Sera,* a comienzos de 1967 ya había en los Estados Unidos treinta y cuatro mil calculadoras instaladas, y se tenía previsto que a fines de ese año otras diez mil hubieran entrado en funcionamiento[9]. La proliferación de los «cerebros artificiales» (tal como han sido designados, con una denominación un poco enfática) ha sido, en consecuencia, superior a las primeras previsiones hechas, dado que en los comienzos de los años sesenta se había previsto para la mitad del decenio (fines de 1965) un máximo de quince mil aparatos en servicio[10].

Respecto al significado que hay que atribuir al dato cuantitativo, nos detendremos más adelante; deseamos mientras tanto, hacer una breve comparación con las cifras dadas recientemente acerca de las calculadoras operantes en la otra sociedad industrial gigante, la Unión Soviética. Allá, sin embargo, a diferencia de los Estados Unidos (donde las investigaciones en cibernética tuvieron comienzo con la construcción del primer *Computer en* 1944), la producción de las calculadoras electrónicas, obstaculizada primeramente por sospechas y hostilidad de naturaleza política, ha comenzado con mucho retraso. El director del Instituto de Cibernética de Kiev, profesor Víktor Mijailovic Gluskov, se limitó a declarar al corresponsal del diario italiano *La Stampa*[11] que el Instituto había creado un prototipo de máquina utensilio de control electrónico, el Dniepr I, ya distribuido en número de 200 entre las grandes instalaciones industriales de diverso tipo en la URSS. Por otro lado, según

---

9 U. Stille, *Tutti ottimisti negli Stati Uniti sugli effetti della «cibernazione»*: Corriere della Sera (23 abril de 1967) 3.

10 J. A. Postley, *Computers and People,* McGraw-Hill Books, New York 1960, nueva ed. 1963, 19.

11 A. Ronchey, *I cervelli elettronici, non i burocrati faranno i piani dell'economia russa?:* La Stampa (26 abril 1967) 3.

noticias de buena fuente, como *The Times*[12], la Unión Soviética, para superar la diferencia que en ese campo la separaba de otros países de alta concentración industrial, había decidido proceder en el curso de tres años a adquisiciones masivas (por valor de más de veinte millones de libras esterlinas) de calculadoras electrónicas a otros países europeos, procurando en dicho período obtener licencias y patentes de fabricación y ejecutar obras de instalación y de producción propias. A este respecto hay que pensar que la URSS se preocupa por asegurarse el aprovisionamiento de grandes calculadoras electrónicas, cuya utilización da resultados proporcionalmente superiores a aquellos que pueden obtenerse con un conjunto de pequeñas calculadoras de un valor económico total correspondiente. De conformidad con una ley empírica, la capacidad de utilización de un *Computer* aumenta con relación al cuadrado de su costo de producción. Por último, a título comparativo, mencionemos que en Francia fueron instalados, en 1966, de trece mil a quince mil computadoras[13].

5. CIBERNÉTICA Y CIENCIAS SOCIALES

Como hemos sostenido, la simple presencia física, en continuo proceso de multiplicación de los *computers* en el sistema productivo estadounidense es por sí misma el síntoma de una transformación económica, tecnológica y social de una importancia quizás sin precedentes, que señala el advenimiento de una *nueva* dimensión de la actividad humana y no solo su reducción a una dimensión *única,* como ha sido proclamado por Marcuse. Esta nueva dimensión está marcada, sin duda alguna, por una despersonalización en el aspecto decisorio dentro del proceso productivo. Con la nueva capacidad de cálculo, abierta por el análisis electrónico de los datos de venta, de demanda y de beneficio, el flujo de mercaderías queda regulado de acuerdo con un principio de rigor racional, que ya no es el de la intuición general y de la dedicación infatigable del dirigente de empresa individual. Figura esta última que, por lo demás, aparece totalmente superada y eliminada en el desarrollo técnico de la industrialización, desde los años de principio de siglo, cuando se verificó la concentración de las empresas y fue adoptado en gran medida el sistema accionario. Es a partir de entonces cuando *management has become rather plural than singular,* como ha sido señalado por uno de los grandes *managers* de la

---

12 *Russia seeks computers:*The Times (23 marzo 1967). E1 periódico londinense subraya en el artículo la compra de tres computadoras electrónicas hecha por la URSS a la Olivetti de Italia. Recuérdese que, con ocasión de su visita a Inglaterra a comienzos de 1967, el primer ministro soviético Kosygin estuvo en las instalaciones de una sola industria privada, la Elliott-Automation Ltd., que fabrica calculadoras electrónicas. El presidente de esa sociedad, sir Leon Bagrit, ha sido invitado oficialmente a visitar la Unión Soviética como jefe de una delegación económica, informando luego éste a los accionistas en asamblea general, celebrada en Londres el 23 de junio de 1967, del hecho mencionado. Cf. el texto publicado con anticipación: The Times (31 mayo 1967) 21.

13 B. Renard, *L'ordinateur dans la France d'aujourd'hui,* en *L'ère des ordinateurs,* colección «Recherches et Débats», Desclée de Brouwer, París 1966, 46.

industria americana[14]; y, en realidad, la dirección de empresa, pasando de singular a plural, entró ya en un proceso de despersonalización. El *Computer* ha llegado así a tener un papel coadyuvante y, en ciertas circunstancias, decisivo de *leadership* de la empresa, o sea, de elección decisoria, dado que, si el propósito integrativo en que se inspiran los modernos sistemas de elaboración de datos estadísticos es el de proveer de una suma de elementos decisorios en la mayor medida posible referidos a la situación fáctica, el EDP (Electronic Data Processing) *system* resuelve en forma superior a cualquier experiencia precedente esa tarea informativa, selectiva y de orientación[15].

La importancia de este dato en el proceso técnico de programación económica ha sido advertida también por los dirigentes de la Unión Soviética, como se desprende de las declaraciones hechas por el Prof. Gluskov en la entrevista a la que ya nos hemos referido: «Estoy convencido de que, entre las revoluciones técnicas del siglo XX, la mayor, la primera, sin sombra de duda, es la del *Computer,* que supera aun a la energía atómica misma y a la carrera espacial [...]. La expansión del cálculo, de la memoria y del juicio es una nueva dimensión y rapidez del pensamiento». En la URSS, en el estado actual, siempre de acuerdo con Gluskov, «a causa de los métodos existentes, el volumen del trabajo estadístico de planificación tiende a aumentar por lo menos el cuadrado de la producción [...]. Si continuásemos con el mismo ritmo y en el mismo sentido, alrededor del 1980 el personal adscrito a la planificación habrá aumentado 36 veces y comprenderá la población adulta entera de la URSS». Estas últimas palabras deben quizás entenderse como una paradoja o como un *compás de ánimo,* pero es cierto que solo la «computación» (como ha sida llamada) permitirá adecuarse al ritmo de expansión económica, afrontar y resolver los enormes problemas relativos al cálculo optimal, obligando a tomar en cuenta los resultados y las indicaciones del *Computer.* En el artículo del que hemos tomado las citas insertas señala sensatamente Ronchey que el *Computer* parece, por tanto, destinado a entrar en conflicto con los postulados ideológicos (políticos) del sistema soviético, en cuanto que éste «adopta una lógica objetiva, lejana del voluntarismo subjetivo o colectivo», y concluye: «el cerebro electrónico es revisionista».

Una consecuencia inmediata del recurso a los métodos cibernéticos en el campo de las ciencias sociales ha sido la de poner al descubierto, gracias a su aplicación en los planteamientos de la sociología industrial, un orden doble de consideraciones acerca de la realidad: podemos definir sintéticamente los dos órdenes como excluyente uno e incluyente el otro. Las condiciones de los trabajadores de la industria pueden contemplarse, efectivamente, partiendo de un modelo-base de interpretación de sus necesidades, provisto de una visión

---

14 C. H. Greenwalt, *The Uncommon Man,* Columbia University Press, New York [7] 1959, 105.

15 Esta es la tesis de fondo del interesante libro de J. A. Postley, *Computers and People,* citado, al cual nos remitimos para los análisis particulares señalados en el texto.

ideológica precisa y unida a los presupuestos de determinados intereses políticos y, por ello, excluyente de otras interpretaciones posibles. O bien sus requerimientos pueden presentarse objetivados en una serie de planteamientos que se ponen en relación con otros componentes del mismo proceso socioeconómico, en el cual el trabajador participa, adoptándose un sistema «neutro» de referencias a las condiciones factuales (por ejemplo, la movilidad de las fuerzas de trabajo, el ritmo de progresión del nivel tecnológico, etc.). En hora buena la extensión de las investigaciones, de sus combinaciones y sus complicaciones ha sido favorecida con la adopción de las calculadoras electrónicas para el cálculo estadístico respectivo; no obstante, se trata de indagaciones inspiradas en un principio de análisis crítico que no se puede definir «extraideológico» si no es en un sentido restringido, esto es, refiriéndose a los postulados ideológicos de partido, que en realidad supone una dimensión nueva de pensamiento ligada al desarrollo tecnológico y al progreso metodológico y que tiende, por ello, a superar la ideología representativa de la fase precedente, científicamente menos avanzada. En este sentido, el *Computer* puede ser definido como «revisionista», precisamente porque es expresión de una nueva y diferente mentalidad, unida a una manifestación distinta de producción industrial e intelectual.

6. LA CALCULADORA ELECTRÓNICA COMO SÍMBOLO

No intentamos detenernos en los aspectos políticos, peculiares de la ideología cibernética, sino más bien considerar sus implicaciones en un sentido más amplio, más universal. De todos modos, es importante subrayar, desde una perspectiva elemental, que la aparición de la calculadora electrónica no es un fenómeno de carácter exclusivamente científico y tecnológico, sino que es también una conquista importante en el campo de la *business culture,* adviniéndose que admite modificaciones sea en el campo de la proyección industrial, sea en el de la programación comercial, puesto que afecta a la base misma de los intereses económicos de la estructura de producción de una sociedad evolucionada. Como ha observado Postley, la calculadora electrónica no solo crea una condición de vida económica totalmente nueva, porque genera un nuevo ambiente tecnológico en el mundo de los negocios, dando lugar a una nueva elaboración de datos que logra una función decisiva, sino que es de por sí un nuevo objeto de producción, un bien económico de consumo con características originales. El *Computer* es, en efecto, *a servant of many masters,* un servidor de muchos patrones, ya que sirve, de dos maneras entre sí bastante diversas, a dos especies distintas de productores: de una parte, a los fabricantes de calculadoras electrónicas interesados en el desarrollo técnico de un instrumento de control, cuyos empleos múltiples escapan enteramente a su competencia; de otra parte, a los usuarios de las calculadoras electrónicas que son (respecto a los primeros) los consumidores, pero que al mismo tiempo son ellos mismos productores, interesados en la explotación de los *computers,* de conformidad con sus exigencias particulares. La variedad de posibilidades de empleo económico entre los primeros y los segundos crea problemas difíciles de transición, que por sí solos constituyen una categoría conflictiva nueva en el campo de los intereses económicos. Además, la fabricación de calculadoras electrónicas y su introducción en el mercado bajo la forma de venta o de alquiler (en cuyo canon está por regla general incluido el gasto de manutención y de reparación, encargadas a técnicos altamente especializados) suponen inversiones y movimiento de capitales verdaderamente colosales y, con ello, también la creación de un nuevo orden de técnicos: expertos en electrónica y expertos en sociología económica, capaces de convertir los datos en fórmulas de programación electrónica, etc.

Como hemos visto, la computadora puede considerarse el símbolo resumen de la nueva fase de progreso tecnológico que se ha operado en la sociedad industrial; no obstante, representa solo el elemento más característico de tipificación, dado que está inserta e integrada en un fenómeno más amplio, caracterizado como «automatización» de los procedimientos de producción, motivo por el cual, como ha escrito Ugo Stille en el artículo que hemos mencionado, «aparece el ganglio nervioso, el centro motor de aquel proceso, que, con un neologismo adoptado en 1962 por el sociólogo Donald Michael, se «suele ahora denominar *cybernation*». La «cibernización» es el sistema socioeconómico de vida en el cual el empleo de las máquinas que se autorregulan en el marco de una producción automatizada se muestra determinante respecto a los fines del desarrollo de una economía de bienestar. Las investigaciones más recientes, como las realizadas por el conocido sociólogo Daniel Bell (y mencionadas por Stille), excluyen, sin embargo, que el proceso de «computación» esté destinado a hacerse total, rechazándose así la visión de un mundo futuro unidimensional en el sentido de colocar a la «cibernización» entre las utopías (o pesadillas) de la fantasía, fuera de toda previsión realista.

7. EL PENSAMIENTO NEOTOMISTA Y EL PENSAMIENTO MARXISTA FRENTE A LA REVOLUCIÓN CIBERNÉTICA

Las aplicaciones de la nueva tecnología cibernética en el campo industrial, de las que hemos hablado, y la «cibernización» conexa del proceso económico constituyen la base o, mejor dicho, la «infraestructura» de las relaciones productivas, a la cual es necesario dirigirse para ver el origen y las condiciones de existencia de la «ideología cibernética», considerada ésta, sin embargo, como supraestructura ideal, como reflejo espiritual y composición de elementos de voluntad en un sistema finalista de esa sociedad misma, caracterizada por la cibernética en sentido tecnológico. Se entiende que entre los dos órdenes de consideraciones del propio fenómeno social —uno de carácter tecnológico y el otro de carácter ideológico— no establecemos un vínculo de derivación necesaria del primero al segundo, como pretende hacerlo el esquema explicativo de un tosco determinismo económico, sino que vislumbramos una relación de correspondencia y de conversión, en la que el hecho material constituye la concreción de la referencia y el hecho consciente contribuye con la claridad de comprensión.

La cibernética, considerada desde una perspectiva unitaria y comprensiva de su interés social (como por lo demás aparece en la intención de su fundador, Norbert Wiener), ha sido definida oportunamente por Valerio Tonini, utilizando una fraseología de Vico como «la ciencia nueva de la civilización de las máquinas y de la automatización, en la cual ciencia y técnica se consideran los factores esenciales creadores de la condición humana futura»[16]. Indudablemente, esta «ciencia nueva», de una edad racional explicada en su totalidad, contiene nuevas formas y hasta nuevas técnicas de pensamiento (por ejemplo, en el campo de la lógica, donde una gran parte contiene las innovaciones de Boole), que son enteramente extrañas a la tradición especulativa. Dicha ciencia es definitivamente innovadora y, en cuanto se refiere a formulaciones prácticas, es justificadamente futurista. Sin embargo, es difícil sustraerse, aun en el ámbito de la crítica filosófica, a la atracción de fórmulas consolidadas por el éxito y la permanencia, y ha ocurrido que también en las perspectivas de la cibernética ésta se ha visto reconducida a experiencias mentales ya logradas, intentándose integrar, en una continuidad de visión, lo viejo y lo nuevo. Tomaremos, para un rápido examen, dos ejemplos —cada uno bastante significativo a su modo— de interpretaciones opuestas del valor ideológico de la cibernética, precisamente para mostrar las dificultades que todavía se interponen a una plena y completa conversión de la nueva situación tecnológica del hombre en su toma de conciencia renovada.

El primer ejemplo nos viene dado por la propia cultura estadounidense y está representado por el estudio de Charles R. Dechert, titulado *Cybernetics and Human Person,* que resultó vencedor del «United States National Philosophical Contest» en 1964, obteniendo el «Hermán Prize»[17]. Se trata, bien entendido, de una indagación filosófica cuidadosa que une a la originalidad del tema de investigación una notable claridad de exposición y riqueza de información, y que merece por ello tomársele en mucha consideración. No obstante, debemos limitarnos a señalar que su fundamento es una presunción según la cual «los modelos cibernéticos actuales muestran una sorprendente semejanza con el modelo propuesto por la tradición aristotélico-tomista», que aquí aparece además integrada con citas de la obra de Teilhard de Chardin; sin embargo, la cibernética, «con sus análisis de los procesos de aprendizaje y de comportamiento autónomos y con su reconocimiento del rol de la racionalidad y del valor, puede servir de puente de paso entre la tradición humanística cristiana y el espíritu científico-operativo contemporáneo». El estudio de Dechert com-

16 V. Tonini, *Cibernetica e informazione,* Astrolabio, Roma 1964, 37.

17 Publicado en el *International Philosophical Quarterly*, febrero de 1965. Nos servimos de un extracto de p. 23, cuyas citas en el texto están en las pp. 12 y 5.

prende, en efecto, una larga serie de referencias y menciones a la obra de Santo Tomás de Aquino (con un total de 34 fragmentos, a los cuales se agregan 16 citas contenidas en las notas finales del estudio), todas concordantes a fin de demostrar la fundamentabilidad del asunto, según el cual es posible encontrar un *thomistic model of man as self-regulating system,* esto es, reconstruir un modelo tomista-cibernético.

Si prescindimos del componente escolástico-teológico del pensamiento de Ch. Dechert sobre el argumento que lo induce a retomar en discusión también problemas que parecen estar, ciertamente, fuera de las cuestiones en examen (como el referente a la naturaleza de los ángeles), debemos señalar que su exposición concluye con la aceptación sin reservas de la ideología cibernética, o sea, de las nuevas relaciones y valoraciones instauradas por la «cibernización» en el mundo social. Se vale, en el curso de su análisis, no solo del instrumental conceptual, en gran medida procurado por el estructuralismo, sino también del nuevo aporte dado por la teoría de los «sistemas», que representa un progreso surgido del interior mismo de la concepción estructuralista. Mencionamos este elemento porque constituye un punto de correspondencia analógica con un segundo trabajo del estudioso americano fundamentalmente distinto en inspiración e intenciones.

El segundo ejemplo que deseamos dar, a fin de mostrar el intento que se ha hecho de integrar las novedades aportadas por la cibernética en un tejido filosófico ya consolidado, es el del libro de Jacques Guillaumaud, dedicado a las relaciones entre *Cybernétique et matérialisme dialectique*[18]. Esta vez el objeto del tratadista consiste en demostrar que la cibernética, «ciencia de todos los mecanismos autorreguladores, cualesquiera que sean sus diferencias de posición, nivel y naturaleza, aparece con más de un título como la ciencia de la contradicción» y representa, por tanto, una confirmación y una renovación de las convicciones filosóficas expuestas por Friedrich Engels en su *Dialéctica de la Naturaleza-,* luego «la cibernética nos parece ser no solo un conocimiento y una utilización de la contradicción, sino una auténtica mecánica dialéctica». El autor francés, aparte sus afirmaciones, con las que demuestra su interés por atribuir un título de nobleza científica y de capacidad profética a los escritos de Engels, ha hecho también examen del problema ideológico de la cibernética, valiéndose de la metodología estructuralista más avanzada, es decir, enriquecida con el concepto de «grupo», y ha recogido y evaluado, en el sentido positivo, aunque desde un punto de vista estrictamente marxista, las novedades aportadas por la cibernética al campo del análisis social.

---

[18] J. Guillaumaud, *Cybernétique et matérialisme dialectique,* en la «Bibliothèque du Centre d'études et de recherches marxistes» Editions Sociales, París 1965; cit. en las pp. 175 y 242.

8. LA TAREA DEL JURISTA EN NUESTRO TIEMPO

Los ejemplos que hemos mencionado sirven claramente para hacer ver que la cibernética, por sí misma técnica «del control y de la comunicación» en los organismos animales y en las máquinas, dada la importancia alcanzada en el campo de las aplicaciones industriales, ha venido configurándose poco a poco como una «ideología», en el sentido cabal del término, al punto de llegar a confundirse con la antropología filosófica tomista o con la filosofía de la naturaleza de Engels. Estamos, por consiguiente, bien lejos de la posición de Merleau-Ponty, el cual advertía con desconfianza el peligro de que la «ideología cibernética» fuese un «género de pensamiento» destinado a alterar y a comprometer la tradición de la filosofía europea. Entre estas dos posiciones-límite de aversión decidida y de adhesión desordenada, puede admitirse una orientación del juicio críticamente más sagaz, que tome en cuenta la novedad especulativa impuesta al pensamiento por la metodología cibernética y escrute con firmeza sus implicaciones para el mundo civilizado de los hombres, sin pretensiones de exorcismos o de camuflajes. Nos parece que el Centre Catholique des Intellectuels Français ha dado testimonio de tal espíritu de equilibrio y de apertura a la nueva problemática, recogiendo en un cuaderno de *Recherches et Débats,* ya mencionado por nosotros, diversas contribuciones dedicadas al tema de la aparición de la era *des ordinateurs* en Francia, con el subtítulo de *Le dialogue de l'homme et de la machine.* Tenemos con esto una composición de avanzada, en la cual «el aparato lógico-matemático mental y tecnológico constituye un medio capaz y necesario, del que las computadoras son el instrumento principal. Lejos de sostener nosotros la 'robotización' del hombre, vemos que contribuyen más bien a una humanización de la máquina[19].

Atención especial debe darse, en este ámbito de investigaciones, al penetrante examen que ha efectuado Sergio Cotta sobre el tema de las relaciones entre el jurista, a quien considera un tecnólogo de tipo particular, «el experto de la vida social», y la sociedad actual, que atraviesa por un proceso de transformación debido al advenimiento de la era tecnológica, organizándose alrededor de un núcleo armonizador y propulsor que ya no es el poder militar o la posesión señorial de la tierra, como tampoco la pura riqueza, sino más bien la función y el aparato productivos en su sólida e indivisible unión con la ciencia y con la técnica»[20]. Se trata precisamente de una evaluación de la ideología cibernética, en cuanto «la presencia de lo artificial en la vida de hoy representa un hecho cualitativamente nuevo [...]. La extraordinaria proliferación de lo artificial tiende a hacer que el hombre se convierta en un *agente de segundo*

---

[19] Cf. nota 13. La frase citada es de J. Maître, con la que concluye su artículo *Ordinateurs et sciences humaines,* 49-57.

[20] S. Cotta, *Il giurista e la società in trasformazione:* Iustitia XIX (1966) 279 y ss; las frases citadas, p. 286.

grado, que anima y dirige máquinas que actúan directamente; el vivir en un mundo de artefactos influye de manera efectiva en la psicología del hombre; el artefacto de hoy no es solamente el producto de un proceso de modificación de la *forma* de lo natural, sino de una modificación de su *substancia* [...]. La naturaleza se aleja cada vez más del hombre, que parece reconocerse e identificarse con su proyecto creativo».

Las consideraciones desarrolladas por Cotta nos parecen no estar en desacuerdo con las que hemos señalado en las páginas precedentes. Constituyen además una toma de posición cultural en el marco de la sociedad italiana de esa problemática que ya ha marcado plenamente su huella en el pensamiento social estadounidense. En la convención que tuvo lugar en julio de 1964 en la Georgetown University de Washington, sobre el tema *Cybernetics and Society,* se discutieron las aplicaciones de los conocimientos científicos, derivados de la cibernética, a los procesos de decisión en el ámbito social, las aplicaciones del estado actual de la tecnología cibernética a la producción industrial y, finalmente, las relaciones entre la tecnología cibernética, planificación económica y control social. A partir de entonces, la literatura al respecto ha venido en aumento y ha creado un horizonte ideológico en la sociedad americana, mientras que en la Unión Soviética el modelo del procedimiento cibernético empieza a ser considerado como una «estructura formal» utilizable en la reconstrucción analítica de los sistemas de sociedad[21]. Consideramos oportuno señalar que también en Italia debe tener lugar una adecuada toma de conciencia de la nueva realidad —por parte de la vanguardia cultural— que motive precisamente al jurista, por la importancia de la función social tradicionalmente desarrollada por éste en nuestro sistema de convivencia social, a fin de que asuma la actitud responsable de guía moral, que en otras partes se ha atribuido al «experto social».

9. ESTRUCTURALISMO Y TECNOLOGÍA DE LA COMUNICACIÓN

Las implicaciones de orden social y el sentido ideológico más amplio atribuible a la nueva tecnología cibernética se han difundido rápidamente con el proceso de la expansión de los métodos de automatización y de los instrumentos de control y de mando que los condicionan; paralelamente, los límites mismos del pensamiento humano han ido ensanchándose gracias al modelo y al empleo de la calculadora electrónica que representa un imprevisto y fascinante *miroir de 1'homme* (para valernos, a nuestro modo, de la misma metáfora de Merleau-Ponty), ya que su estructura de composición tiende a convertirse en una imagen reflectiva de la mente humana, como demostraremos en el capítulo siguiente.

---

[21] V. J. Frankel, *Theory of State, Cybernetics and Political Science in the Soviet Union:* Political Studies XV (1967) 59 y ss.

Las implicaciones que se han observado en el comportamiento del hombre en sociedad, son múltiples pero, teniendo en su base un factor común genético y propulsor, pueden ser apreciadas desde un punto de salida unitario y estar comprendidas en el marco, móvil en sus contornos pero compacto en la interrelación de sus componentes, de la ideología cibernética. De esta transformación, que parece siempre acercarse más a los problemas de fondo de la sociedad humana hasta alcanzar comprenderlos plenamente un día, las sociedades tecnológicamente más evolucionadas han tomado conciencia, y es precisamente este rasgo nuevo el que adopta el pensamiento frente a las impulsiones que recibe por el cambio de las condiciones de vida, al que va apropiado el término de «ideología cibernética» en cuanto expresa una problemática *nueva*. Este «género de pensamiento» tiene la obligación de asumir sobre sí el encargo del hombre y de su historia, porque lo que hace humana a la historia y hace del hombre un ser histórico es justamente la capacidad que el hombre tiene de «manipularse» a sí mismo, esto es, de transformarse, de alejarse de la naturaleza para crear el mundo «artificial» de los hombres: las leyes que rigen el ordenamiento de la sociedad humana, la ciencia y la técnica que transforman la fuerzas naturales, el arte mismo que no imita sino que genera una nueva imagen del mundo y del hombre, la cual es artística porque es artificial, es decir, condicionada por un procedimiento técnico[22].

El carácter distintivo de la ideología cibernética ha sido identificado con la posibilidad de modificar el fundamento metodológico de las ciencias humanas, valiéndose de la experiencia tecnológica derivada de la investigación cibernética; esto es, a nuestro juicio, un aporte decisivo y fecundo. Como ha escrito Granger, ya mencionado por nosotros, «los modelos de las ciencias humanas deben ser modelos esencialmente *cibernéticos*, en oposición a los modelos *energéticos*, ejemplarizados en las ciencias naturales, porque en los primeros, al plano de los cambios de energía, se sobrepone el plano de los cambios de información[23]; el significado vivido del acto humano (vivido, esto es, en sentido psicológico, subjetivo) se convierte así en un significado objetivado, como (para valernos del símil más simple posible) el lenguaje hablado debe hacerse lenguaje escrito, para facilitar el nacimiento del arte, del derecho, de la ciencia.

Este principio supone una revisión profunda (que es, sin embargo, aceptación y no repudio) de la metodología estructuralista, que hoy se aplica al análisis psicológico, jurídico y político, pero que todavía permanece vinculada a los viejos esquemas del organicismo del siglo pasado. Se le debe enten-

---

22 Descartes menciona, en el *Discours IV de la Dioptrique* (del cual toma los lineamientos el estudio indicado de Merleau-Ponty), que la pintura nos da la imagen de una cosa a condición *«de ne lui pas rassembler»*; dado que la imagen está perdida sobre un plano, el cuadrado debe hacerse rombo, el círculo se hace oval, etc.

23 G.-U. Granger, *Pensée formelle et sciences de l'homme*, cit., 212.

der, por tanto, como investigación y descubrimiento de las estructuras «naturales» existentes en el fondo de la realidad social. Abandonando el interés científico por el problema de la «comunicación», la cibernética, por así decirlo, ha trasladado el fundamento del conocimiento social al terreno de la artificialidad; o sea, ha consentido la transformación de los paradigmas culturales de que valerse. No se trata, por supuesto, de caer presa de una exaltación indiscriminada de la técnica y de la artificialidad, sino de reconocer y de mantener la relación constante de correspondencia y de conversión de lo natural a lo artificial, de lo «semántico» a lo «sintáctico» (como dice Granger), o bien, sirviéndonos de los nuevos términos de uso filosófico, de lo estructural a lo sistemático[24]. La diferencia es la misma que se encuentra entre el ojo humano y el ojo artificial del telescopio, del objetivo fotográfico y televisivo. Hoy en día, podemos comprender el funcionamiento del ojo merced a los progresos realizados en el campo de la óptica con la invención de las lentes, así como gracias al proceso de mediación que nos permite volver a mirar el ojo pasando por la experiencia de la *Dioptrique* cartesiana y de sus sucesores. La calculadora electrónica, que sabe leer, o sea, discernir entre los impulsos registrados sobre una cinta electromagnética, ejecuta la operación de un nuevo tipo de ojos, un ojo artificial y espiritual, construido por el hombre para el hombre.

10. METODOLOGÍA E IDEOLOGÍA DE LA CIBERNÉTICA

La ideología cibernética se funda, por consiguiente, en un nuevo método cognoscitivo, en un nuevo principio interpretativo de los procesos de conocimiento que puede extenderse al campo social. En un sector importantísimo de las ciencias sociales, como es el económico, en el cual la incidencia de la novedad tecnológica actúa de manera directa, hemos visto cómo el análisis de tipo cibernético, fundado en la elaboración electrónica de los datos estadísticos e integrada en la concepción de un sistema económico de fase industrial avanzada hasta la automatización, se presenta como un sistema capaz de autorregulación, y, cómo se ha impuesto, aun superando prejuicios de viejo tipo ideológico. Se entiende, sin embargo, que la ideología cibernética no sirve (es inadecuada por exceso, luego no es aplicable como metodología) para aquellos sistemas económicos (microsistemas, como los complejos industriales privados, o macrosistemas, como los sistemas industriales nacionales) que no hayan ingresado todavía en la fase avanzada, que no hayan «despegado», para valernos de la terminología de Rostow. También en el sector de la investigación sociológica, la introducción del empleo de la calculadora electrónica ha dado sus primeros resultados, que han sido posibles, no por haber recurrido al instrumento en cuanto tal (aunque ello haya representado efectivamente el medio necesario para lograrlos), sino por el método mismo que reclamaba

[24] Los últimos avances del estructuralismo, señalados en el texto, se encuentran expuestos en el fascículo especial titulado *Structuralismes: idéologie et méthode:* Esprit N. S., 5 (mayo 1967).

como ámbito de investigación propio su formulación operativa, su aplicación tecnológica, la existencia de un «cerebro artificial» para tales cálculos[25]. En el sector jurídico, como hemos visto en los capítulos precedentes, el problema ha sido planteado con entereza intelectual, pero su manejo no aparece todavía suficientemente meditado, porque no se ha considerado ni la variedad ni la tensión existentes entre la realidad jurídica de hecho, su morfología cambiante de estructuras operativas y su formalización en los términos convencionales de una calculadora electrónica, la cual no puede servir para resolver casos que estén provistos de una condición extrínseca a su método, puramente analítico. Finalmente, en el sector que se suele llamar ideológico (esto es, político, en sentido limitativo) la ideología cibernética representa una exigencia que siempre se advierte con mayor claridad, consistente en una mejor sistematización, esto es, una mejor coherencia racional y operacional entre las reglas de comportamiento que exige la convivencia civilizada para lograr el advenimiento de un sistema social, en el cual las estructuras de las relaciones humanas estén arregladas de acuerdo con líneas de fuerza racional y cuya ideología representativa sea aquella que esté orientada a promover el ejercicio, el progreso y la iniciativa innovadora de la razón humana. Ello equivale, por lo tanto, a una afirmación de libertad de la inteligencia contra la servidumbre envenenada y oscura de los mitos de la violencia y de la irracionalidad.

Por otro lado, esta ambivalencia de caracteres, metodológico e ideológico, se ha manifestado, desde la primera aparición de la nueva ciencia cibernética, que fue realizada por Wiener: su principio rector, enunciado en una fórmula rigurosamente lógica, sobre bases matemáticas y experimentales, fue rápidamente extendido, por analogía, al mundo social, donde se desenvuelve en sentido argumentativo, tomando un carácter axiológico o, más exactamente, ético: «el uso humano de seres humanos». Toda hipótesis interpretativa de los problemas del hombre, cuando es claramente pensada, termina siempre presentándose bajo un doble aspecto, lógico y ético, conforme a la naturaleza del hombre que es cognoscitiva y operativa a la vez. También nosotros, en este estudio, estamos recorriendo el mismo camino de unión entre las dos posiciones indicadas para considerar el problema que nos interesa y que es el del vínculo entre la cibernética y el Derecho, vínculo que, cuando se examina en sus implicaciones, obliga a extender el examen a la sociedad, dentro de la cual se coloca concretamente, y a la conciencia, en cuyo reflejo obtiene su significado y su valor.

---

25 Respecto a las implicaciones de orden general de este procedimiento, me remito a mis *Osservazioni su essere e dover essere nelle concezioni sociologiche del diritto*, de próxima publicación en el fascículo especial dedicado por ARSP a las *Actas* del congreso mundial de filosofía del Derecho y filosofía social (Milán, septiembre 1967).

IV

LA CONCIENCIA ARTIFICIAL

1. UN PROBLEMA NUEVO

En los capítulos precedentes hemos estado ensanchando el campo de indagación, desde su momento constitutivo (que es el dado por la incidencia de una nueva tecnología operativa del cálculo, cuya existencia se debe al computador electrónico, en la experiencia jurídica) hasta la comprensión de las cuestiones relativas a la influencia sobre el mundo de las estructuras institucionales de la organización jurídica y sobre el comportamiento social, en cuanto comportamiento ideológico, ejercida por la nueva dimensión cibernética del conocimiento. No podemos por ello detenernos, sin haber dado antes un paso ulterior hacia adelante y sometido a examen la nueva forma de relación, que se ha venido a instaurar entre la máquina electrónica y la conciencia humana misma, considerada bajo el aspecto cognoscitivo.

«¿Puede tener una máquina conciencia de lo que hace?» Es decir, ¿puede generarse la conciencia como producto artificial? Esta pregunta, que habría parecido absurda en todos los siglos anteriores de la historia humana, ha sido formulada en nuestros días con rigor científico[1] y, cosa que podría quizás haber parecido aún más absurda, a dicha pregunta se ha respondido afirmativamente. No hay razón —se ha sostenido— para negarle el tener «conciencia» a una máquina capaz de realizar lo que el hombre realiza y que vale incluso para distinguirlo justamente como hombre, «animal racional». Sin embargo, esta no es una simple hipótesis, buena para servir a ejercicios de sutileza filosófica, del tipo de aquellas con las que se deleitaban los escolásticos del medievo, discutiendo sobre el problema de «cuántos ángeles pueden estar en la punta de una aguja», problema este cuya solución era en todo caso verbal, esto es, desprovista de verificación experimental. Se trata, por el contrario, de una cuestión que ya ha sido deliberadamente aceptada como hipótesis

---

1 D. Thompson, *Can a Machine be Conscious?:* The British Journal for the philosophy of Science XVI (1966) 33ss. Al mismo tema está dedicado el libro de G. Guenther, *Das Bewusstein der Maschinen, Eine Metaphysik der Kibernetik,* Krefeld, Baden-Baden [2]1963, que no he podido consultar.

operativa (estrictamente científica) desde el comienzo de la segunda mitad del siglo en que vivimos y que aparece destinada a representar, en los años por venir, uno de los motivos de reflexión y discusión más profundos e inquietantes a que puedan dedicarse filósofos y científicos, motivo en el que, precisamente, ciencia y filosofía pueden encontrar un punto decisivo de intersección. La intención del presente capítulo es demostrar cómo se ha llegado a formular dicha pregunta en un sentido perfectamente razonable, y discutir las respuestas que se han dado en cuanto a su posibilidad.

2. DEL HOMBRE-MÁQUINA A LA «MÁQUINA HUMANA»

La novedad del problema o, por decirlo mejor, la apariencia paradójica que reviste consiste en su planteamiento; esto es, en un cambio de perspectiva respecto al problema tradicional de la relación entre el hombre y la máquina, ya que el problema como tal ha sido formulado por lo menos desde hace tres siglos. A mediados del XVII, el filósofo naturalista inglés Thomas Hobbes había formulado claramente la teoría de que el hombre no era otra cosa que una máquina más complicada que aquellas por él mismo fabricadas. En el siglo XVIII, los filósofos materialistas franceses insistieron con fuerza en la interpretación mecanicista del hombre; uno de ellos, J. O. de Lamettrie, hasta escribió un libro titulado *L'Homme-machine.* En el mismo siglo, un filósofo alemán, G. W. Leibniz, aunque de inspiración espiritualista, planteó las bases de un sistema de cálculo intelectual que admitía hacer mecánico el movimiento del pensamiento. En el XIX, la mentalidad filosófica positivista, imperante en Europa difundió sobre todo la concepción del hombre como un producto regulado por leyes físicas, determinadas por el principio de la causalidad mecánica. Se ve así que, en este lapso de tres siglos de pensamiento, el tema constante ha sido el de ofrecer una representación mecanizada del hombre, esto es, de reducir sus capacidades vitales e intelectuales a funciones de un mecanismo complicado, cuya manifestación más elevada es la conciencia, la misma que constituye, no obstante, una característica exclusiva del hombre en cuanto ser dotado de la palabra.

El problema, tal como hoy está planteado, se caracteriza, al contrario, por una inversión de la relación entre los dos términos. Se trata ahora de presentar una forma humanizada de la máquina, es decir, de establecer la capacidad de transferir la conciencia del hombre, inventor, a la máquina por él inventada. En el primer caso, como en el segundo, hombre y máquina son situados en el mismo plano; o sea, al hombre se le niega una cualidad que le es propia, intrínseca y básica en su constitución, llamada espíritu o alma (o, como lo ha dicho agudamente Ryle, «un espectro en la máquina»), para diferenciarlo de la máquina de manera esencial y no simplemente como causa de una mayor complejidad de mecanismo. Sin embargo, mientras nunca antes se puso en discusión la superioridad del hombre (aun si fuese también máquina) sobre las otras máquinas, así como sobre los animales, el problema que se formula ahora es justamente el de determinar si sería concebible y fabricable una máquina tal que sea superior, en grado de complejidad, al hombre mismo.

El carácter innovador del problema puede considerarse también bajo otra perspectiva, no menos sorprendente (y en cierto modo alarmante) de aquel ya examinado. En el siglo pasado, como es sabido, fue formulada, discutida, profundizada y en gran parte confirmada, la explicación darwiniana del origen del hombre, el cual en vez de haber sido creado, por así decirlo, en base a un modelo original, habría llegado a hombre por un proceso de evolución gradual de especies animales inferiores, a través de una cadena conducente hasta la ameba. La doctrina de Darwin representó una verdadera revolución en el sistema conceptual del hombre occidental. Si bien puede pensarse que no produjo mayor impacto entre los seguidores de religiones fundadas en la creencia de la trasmigración de las almas de los cuerpos de los animales al cuerpo del hombre, el debate que dicha doctrina suscitó fue exaltadísimo: ésta se ocupaba del pasado del género humano y reconocía —hasta confirmaba— que el hombre constituía el grado más alto de la evolución natural y su misma posibilidad de evolución futura decretaba su superioridad no solo respecto al mundo natural, sino también al mundo de las máquinas, que por su composición quedaban excluidas de participación en la epopeya de la selección de la especie, propia del mundo animal o biológico, esto es, capaz de lucha y de procreación. El hombre, proclamado rey de la creación, como tal fue concebido también en los nuevos términos de una filosofía naturalista, y sus privilegios permanecieron sustancialmente inmutables. La nueva problemática, puso en evidencia en nuestra era de revolución tecnológica, no obstante, una perspectiva diversa para el futuro del hombre, dado que pone precisamente en duda la superioridad hasta ahora asegurada para él, de la «conciencia» (último grado dominante de la escala evolutiva) frente al resto del mundo, animado e inanimado. Si es posible crear máquinas provistas de conciencia, aunque se trate de una obra del hombre, es posible sobrepasar al hombre mismo, el cual llegará así a constituirse en un arco de conjunción entre los mundos de la naturaleza y de la técnica o, por decirlo en forma figurada, entre la bestia y la máquina; al igual que en la gloria del Renacimiento, el hombre era considerado como un término medio entre el bruto y el ángel.

Esta proposición, por la que al hombre se le coloca como punto de tránsito desde la antigua evolución natural a la futura evolución tecnológica, ha sido ya propuesta, si bien en forma de fantasía y como hipótesis paradójica, por un literato inglés del siglo pasado, Samuel Butler, en un estudio aparecido en 1863, «Darwin entre las máquinas», que fue después refutado en su novela utópica, *Erewhon,* de 1872[2]. La argumentación sostenida por Butler se fundaba, como indica el propio título en la analogía entre los dos tipos indicados de evolución, la de los animales y la de las máquinas, partiendo del presupuesto

---

2 S. Butler, *Erewhom,* Espasa Calpe, Madrid, sf.

de que ya en las formas elementales de vida existe una forma, aunque embrionaria y apenas advertible, de conciencia; opinión esta propugnada por el mencionado filósofo Leibniz, con su famosa teoría de las mónadas. Como escribe Butler, si la conciencia se ha manifestado, en un cierto momento de la historia de la evolución, como sucesiva a la aparición de un centro individual de acción y de un sistema reproductivo (que vemos existir también en las plantas, pese a la ausencia de una conciencia visible), ¿por qué no se podría producir como fase nueva del espíritu, tan diferente de todas las fases hasta ahora conocidas, como el espíritu de los animales es diferente al de los vegetales y el del hombre al de los animales? «El hecho de que actualmente las máquinas no posean casi conciencia no nos autoriza en absoluto a sostener que la conciencia mecánica no alcanzará con el tiempo un desarrollo máximo. Supongamos que los seres conscientes existan desde hace veinte o veinticinco millones de años: ¡admitamos entonces qué pasos de gigantes han dado las máquinas en el último milenio! El mundo no puede quizás durar otros veinte millones de años. Pero, si así ocurre, ¿qué terminarán siendo las máquinas?

3. MÁQUINAS AUTORREPRODUCTIVAS

Las consideraciones de Butler, aunque centelleantes de argucia y no exentas de atisbos proféticos, como por lo demás ha ocurrido con muchas creaciones de «ciencia ficción», permanecieron, pese a todo, aprisionadas en el marco mental científico de su tiempo, que era en especial naturalista, precisamente por la influencia ejercida por el darwinismo y las ciencias biológicas en general. Así, meditando sobre la objeción que la máquina no es capaz de reproducir otras máquinas similares a sí misma, Butler recurrió a la imagen familiar de los insectos que posibilitan a muchas plantas su reproducción, afirmando que las máquinas del futuro podrán valerse de sistemas nuevos de reproducción indirecta, merced a otras máquinas que tendrían funciones de órganos reproductores. En realidad, conforme a la experiencia con que contaba en su tiempo, Butler sostenía que «las máquinas pueden, dentro de ciertos límites, producir máquinas de cualquier tipo, por muy diversas que sean». La evolución tecnológica por él predicha reservaba, sin embargo, otras muchas sorpresas.

En efecto, en 1948 un científico genial, Johann von Neumann (prematuramente desaparecido diez años después), se planteaba en los términos más rigurosos el problema de la «autorreproducción» de los autómatas, en un informe presentado a un simposio sobre el «Comportamiento de los mecanismos cerebrales»[3], y lo resolvía conforme a un modelo teórico elaborado por él a partir de un teorema formulado en 1936 por el matemático inglés A. M. Turing. Este último, examinando la definición general acerca de lo que debía enten-

3 J. von Neumann, *The General and Logical Theory of Automata,* en varios autores, en *Cerebral Mechanism in Behavior,* Wiley, New York 1951.

derse por «máquina calculadora» (a cuya realización había dirigido sus intereses especulativos Leibniz, como hemos señalado), llegó al resultado de que «una máquina se dice universal si está en grado de elaborar cualquier sucesión producida por otra máquina cualquiera», entendiéndose el término «sucesión» en sentido matemático, esto es, como sucesión de números *e (e=0,* 1), que, considerada como desarrollo binario, equivale esencialmente al concepto de número real. Se advierte que Turing se había basado, en consecuencia, en las investigaciones fundamentales de la lógica de Boole, que han permitido la notación binaria de los números y, con ella, el funcionamiento de las máquinas electrónicas. Desarrollando las conclusiones de Turing, von Neumann llegó a demostrar, con un razonamiento de gran lucidez intelectual, la posibilidad de construir (en sentido intelectivo) un autómata *reproductor*, es decir, una máquina que pueda leer una cinta impresa y producir otra cinta impresa idéntica a la primera, conteniendo instrucciones de comportamiento, y que pueda también producir objetos mayores y más complicados. Uniendo más autómatas entre sí se produce un complejo *autorreproductor* de autómatas, sin que por ello se genere un círculo vicioso.

Es importante observar que un sistema de reproducción a través de un «código» de instrucciones es precisamente análogo al que se opera en la naturaleza, ya que los seres vivientes se estructuran sobre la base de cierta información que reciben de los genes hereditarios; y la vida se transmite, en su capacidad genética propia, justamente como transmisión o reproducción de mensajes. De otro lado, el problema de la reproducción mecánica no fue examinado por von Neumann en el sentido material de que se ocupó Samuel Butler con sus representaciones imaginativas algo grotescas, sino en el sentido intelectual, que es el íntimamente conectado al problema de la «conciencia artificial». Los autómatas de que hablaba son, en efecto, «cerebros mecánicos» que representan la correspondencia teórica de los «mecanismos cerebrales» propios del hombre, por su analogía de comportamiento, y por ello están destinados a dar nuevas luces acerca de los procesos del pensamiento humano, cuya actividad raciocinante constituye la expresión superior inalcanzable para el mundo animal, el cual puede, por el contrario, acercarse a las formas de actividad que se explican en la instrumentación de la vida social, como en el caso de las formas de organización social, a veces bastante elevadas, que distinguen la especie de las abejas, hormigas, etc.

4. MAQUINAS INTELIGENTES

Es necesario insistir en la diferencia, que ya hemos señalado en páginas precedentes, entre las «máquinas», tal como las concebía Butler, y los «autómatas», que, contrariamente a ellas, se conocen y experimentan en el presente. Esta diferencia consiste en que las máquinas anteriores eran vehículos de energía —por ejemplo, producían energía eléctrica— mientras que la originalidad de las máquinas electrónicas actuales está dada por el hecho de que emplean la energía eléctrica para producir información. La cibernética no se ocupa en realidad de perfeccionar mecanismos automáticos, o *robots,* en cuanto mecanismos capaces de una utilización más complicada de energía (por ejemplo, un *robot* capaz de realizar las tareas domésticas, ¡sueño de todas las amas de casa!); más bien se ocupa de nuestro conocimiento de los sistemas de control y de información comunes a los seres animados y a las máquinas, a fin de acrecentar nuestro poder intelectual sobre el mundo. En este sentido, es ciertamente sugestiva la interpretación que el filósofo Martín Heidegger ha dado del «superhombre», anunciado a fines del siglo pasado por Friedrich Nietzsche. En el clima intelectual del positivismo, todavía sometido a la influencia del modelo darwiniano de evolución de la especie, parecía que Nietzsche hubiese imaginado el advenimiento de un hombre provisto de cualidades superiores de espíritu e inteligencia, como producto seleccionado de la educación de la humanidad. El hombre del siglo XX, como hoy ya se perfila claramente en el horizonte histórico, es en verdad un «superhombre», pero en el sentido de haber logrado la superación de la situación humana preexistente, no tanto en el plano de las fuerzas vitales, así más bien en el del progreso tecnológico. En efecto, se ha creado un tipo nuevo de hombre, detentador de criterios y fuerzas antes desconocidos e inimaginables, que es el hombre capaz de pensar con un cerebro artificial, capaz de recordar, calcular, proyectar.

El propio A. M. Turing, a quien ya hemos mencionado, se planteó en 1950 el problema de la «inteligencia» de las máquinas calculadoras[4] y lo desarrolló en una ingeniosa disertación, sosteniendo que dichas máquinas están en grado pleno de alcanzar un comportamiento inteligente, porque son capaces de aprender, lo cual es la función distintiva del animal-hombre frente a las demás criaturas, encerradas en el círculo del instinto en cuyo interior pueden actuar con pocas variaciones. El tono empleado por Turing en su estudio es muy diferente del de su predecesor y profeta, Samuel Butler, puesto que Turing enuncia con rigor lógico concluyente algunas afirmaciones que Butler se hubiese apenas atrevido a indicar en su calidad de escritor imaginativo. Así, éste considera una característica importante de una máquina que aprende, la de que «su profesor ignorará a menudo en gran parte lo que de preciso se verifica en su fuero interno, aunque pueda estar en grado de predecir en cualquier medida el comportamiento de su discípulo. Esto debería valer de la manera más decisiva para la educación sucesiva de una máquina nacida de una máquina-niño bien proyectada (o programada)». Puesto que para Turing el comportamiento inteligente consiste en separarse del comportamiento previsible implícito en el cálculo, pero por poco, a fin de no determinar un comportamiento casual o giros viciosos, que se reducen a repeticiones inútiles, sugiere éste en consecuencia, insertar en la máquina programas adaptados que contengan un margen limitado de casualidad, con un relativo coeficiente de recti-

[4] A. M. Turing, *Computing Machinery and Intelligence:* Mind N. S. 59 (1950) 433 y ss.

ficación en el caso de que la máquina cometa errores. Turing concluye su estudio expresando que «podemos esperar que las máquinas estarán al final en condiciones de competir con los hombres en todos los campos puramente intelectuales». Como se ha observado, en los años sucesivos muchas máquinas electrónicas han sido programadas con capacidad de superar en rapidez y precisión el pensamiento humano en el campo de la previsión probabilística, centro de las más variadas aplicaciones prácticas, en especial en el área de la misilística para los viajes interespaciales. Por eso, a las fantasías y reflexiones de Samuel Butler se enfrentan hoy, en la moderna literatura, nuevas imágenes e ideas que sorprenden al lector contemporáneo ciertamente bastante menos que como le ocurría al lector de hace cien años; y hay ya quien anuncia, como Italo Calvino en un reciente libro suyo, el tiempo en el cual «el circuito de información vital que corre desde los ácidos nucleicos hasta la escritura se prolonga en las cintas perforadas de los autómatas hijos de otros autómatas: generaciones de máquinas, quizás mejores que nosotros, los hombres, continuarán viviendo...»[5].

5. WIENER: CIBERNÉTICA Y RELIGIÓN

De los múltiples aspectos bajo los cuales puede tomarse en consideración el problema de la «conciencia artificial» hemos separado, por razones obvias, aquellos dos que se refieren a la capacidad de reproducción y a la de aprendizaje. Representan los aspectos más significativos de la revolución tecnológica que ha investido al mundo entero con las máquinas, por cuanto son los que parecen establecer puntos de contacto, a menudo estrechísimos entre las máquinas y ese tipo particular de animales domésticos que fueron los esclavos de la antigüedad. Además, justamente sobre estos dos aspectos se ha volcado de modo especial la atención de Norbert Wiener —inventor del término «cibernética» y teórico más destacado de la nueva ciencia— en su último libro, que, por la súbita muerte del autor, constituye su testamente espiritual: «Un comentario —como reza el subtítulo— acerca de algunos puntos en los que la cibernética toca a la religión»[6].

God & Golem, Inc., el libro del que hablamos, mereció al publicarse el «National Book Award», siendo, efectivamente, uno de los estudios más extraordinarios que se hayan escrito en estos años. Su importancia está destinada a aumentar en los años venideros, al igual que lo sucedido con los libros anteriores del mismo Wiener, que sentaron las bases de la cibernética. A diferencia de ellos, la contribución más reciente de Wiener es bastante más concisa, y la discusión se presenta circunscrita alrededor de tres puntos sobresalientes, relativos, el primero, a las «máquinas que aprenden», el segundo, a las

---

5 I. Calvino, *Ti con zero,* Einaudi, Torino 1967, 99-100.

6 N. Wiener, *God & Golem, Inc. — A Comment on Certain Points where Cybernetics impinges on Religion,* M. I. T. Press, Cambridge (Mass.) 1964.

«máquinas que se reproducen» y, el tercero, a las «relaciones entre el hombre y la máquina». En este último punto se inspira el título del libro, con el que se da a entender una «asociación» entre Dios y el Golem, esto es, el hombre artificial, creado mágicamente por el rabino Löw, de Praga, según una leyenda hebraica. El problema a partir del cual se desenvuelve la reflexión de Wiener es, por consiguiente, el de la «creación»: ¿Hasta qué punto puede el hombre crear una máquina «a su imagen y semejanza», como la Biblia dice que hizo Dios con Adán, y como quiere hacer el rabino de Praga con su muñeco mágico, Golem? ¿Es lícito, sin embargo, identificar a los seres vivientes con las máquinas, a los organismos dotados de finalidad propia con los mecanismos ciegos e inertes hasta que alguno los haga mover y los dirija, a los hombres con los autómatas?

A esta objeción responde Wiener, en las primeras páginas de su libro, observando que «si nos adherimos a todos esos tabúes del pensamiento podremos alcanzar una gran reputación de pensadores sosegados y tradicionalistas, pero contribuiremos muy poco al progreso ulterior del conocimiento científico. Es tarea propia del científico –así como del humanista y del sacerdote honestos e inteligentes– tomar en cuenta, en vía de experiencia, también las opiniones heréticas o prohibidas, aunque sea solo para refutarlas después de haberlas examinado. No obstante, hay mucho más: ese rechazo final no debe ser un partido tomado ya desde el comienzo, de tal manera que la discusión equivale a un ejercicio inútil del espíritu, estándose de acuerdo desde el principio en que se trata solo de un juego en el que se participa nada más que para mostrar la liberalidad propia de visión. Debe tratarse, por el contrario, de un ejercicio serio que se emprende, consiguientemente, con toda seriedad y convicción. De hecho, solo cuando un examen conlleva el riesgo verdadero de caer en la herejía merece hacerse, y cuando la herejía implica a su vez el riesgo de la condenación espiritual, tal riesgo debe ser enfrentado con honestidad y coraje». Estas bellas palabras de Wiener podrían ponerse también en el epígrafe de la discusión presente sobre cuyo tema indican método y finalidad.

En el segundo capítulo del libro, Wiener trata brevemente de las «máquinas que aprenden», haciendo referencia al «programa» elaborado en 1959 por A. L. Samuel para una máquina capaz de jugar al ajedrez y mejorar su capacidad de juego mediante su propia experiencia lúdica. Se observa que de este modo la máquina no está sujeta a un número cerrado de sistemas de juego ya prefijados, sino que está precisamente en condiciones de aprender del adversario, evitando en las partidas sucesivas aquellos movimientos que la expusieron a sufrir derrotas, frente a la estrategia del jugador humano que tiene de adversario. Sobre este carácter del aprendizaje, Wiener hace, sin embargo, una observación sutilísima, a saber: que la máquina se amoldará de tal manera a la personalidad de jugador del adversario que la absorberá, adoptando su estrategia característica sin poder contraponerle una estrategia propia e independiente. Ocurrirá entonces, para valernos de una figura sugerida por el título de una obra de Massimo Bontempelli, exactamente como si la partida se jugase en un tablero situado ante un espejo; la máquina terminará por reproducir, a modo de espéculo, la imagen mental de su antagonista, el hombre.

Esto es efectivamente un punto de contacto entre la cibernética y la religión, en cuanto respecta al problema de la conciencia de la máquina. También Dios, al crear al hombre y darle el libre arbitrio, es como si quisiera jugar una partida con su criatura, a la que parece conceder la libertad de decisión en sus movimientos sobre el tablero de la existencia; pero ¿podría alguna vez, efectivamente, igualar la criatura la omnisciencia y omnipotencia del Creador? ¿Podría tener el juego un significado verdadero de incertidumbre final? Quien acepta jugar, acepta las reglas del juego de quien las conoce, y las aprende por sus propios medios; pero su esfuerzo no podrá ser otro en el fondo que el de imitar a Aquel con quien juega, de reconstruir la imagen del Otro dentro de sí mismo, sabiendo que el último movimiento será siempre el de la derrota: o vencerá él, y el Creador triunfará en su propia obra; o será derrotado, al no poder vencer. Este es el tipo de dialéctica en que se enredó el pensamiento calvinista. Es necesario convenir, por tanto, que el inventor, al construir su máquina, ha querido y debido limitarse a sí mismo, a fin de permitir a la máquina una efectiva libertad de elección siendo ésta la situación en que se llega a colocar la relación hombre-máquina, en la cual aquello que la máquina obtiene se lo quita al hombre. El lector nos disculpe, de todas maneras, por este breve comentario de género teológico a la observación de Wiener, que tiende a subrayar, como era nuestro propósito, las implicaciones filosóficas del problema.

6. WIENER: LA SIMBIOSIS HOMBRE-MÁQUINA

La capacidad de aprendizaje de la máquina, que hemos indicado, es de tipo individual o, mejor dicho, ontogenético. Sin embargo, existe también un tipo de aprendizaje filogenético, que se debe a la acumulación de experiencia a través de generaciones y que constituye el instinto de la especie. Wiener pasa así al segundo aspecto del problema examinado, esto es, al de la reproducción de las máquinas por obra de las propias máquinas. Hemos visto que en el caso de la máquina individual puede ésta reproducir la imagen *mental* de su inventor, como, por ejemplo, jugando con él una serie de partidas de ajedrez. Empero, la máquina puede hoy concluir también la reproducción de una imagen operativa, o sea, reproducir otra máquina hecha a su imagen y semejanza *práctica,* y de este modo generar por sí misma una energía intelectual nueva, ya que es claro que por máquina se entiende, en el sentido adoptado por Wiener (y que es el propio de la cibernética, como hemos señalado varias veces), «un expediente (o instrumento) para convertir mensajes de entrada en mensajes de salida». Un mensaje es una secuencia de cantidad, que representa signos en ese mismo mensaje; tales cantidades pueden ser cargas o potencias eléctricas (pero no es necesario que sean de tal naturaleza) y estar distribuidas en el tiempo de modo continuo o discreto. Una máquina sirve, precisamente, para transformar un número de mensajes recibidos en un número de mensajes emitidos en correspondencia con los primeros.

En el cuarto capítulo de su libro Wiener expone, en términos científicos puntuales y concisos, el «modelo» de una máquina capaz de autorreproducirse, que no es posible sintetizar en forma todavía más breve sin que el modelo pierda la claridad necesaria. Diremos, no obstante, que ese modelo, a diferencia del imaginado por von Neumann, del cual hemos dado noticia al lector, no es puramente teórico; se trata, en efecto, de un aparato de circuito eléctrico en el que se verifica una reproducción de cargas eléctricas desde una «caja negra» de estructura desconocida a una «caja blanca» de estructura conocida, capaz de aceptar cualquier modelo de acción por obra de la caja negra, que transfiere a la otra su modelo de acción por impulsión propia. De este modo, sucede algo íntimamente análogo a lo que ocurre en el acto fundamental de la reproducción de la substancia viviente, en la que un substrato capaz de tomar una variedad de formas (esto es, de estructuras moleculares) es conducido a adquirir una forma determinada por la presencia de una estructura (o molécula) que ya posee dicha forma; lo que equivale a decir que se modela según sus genes hereditarios. Es, sin embargo, verdadero, como advierte el propio Wiener, que resulta brutal aceptar la idea de que la reproducción posible de las máquinas forme parte del mismo orden de cosas que Dios ha querido asignar a los organismos vivientes. Se trata, de una idea que debe ser considerada *disturbing*, como él dice, en sentido emocional pero no intelectual, exactamente como pasó en el momento de la primera exposición de la doctrina de Darwin: «Si fue una ofensa contra nuestro orgullo ser parangonados a un simio evolucionado, hoy ya no nos importa; pero ser parangonados a una máquina, resulta una ofensa todavía mayor.»

El mismo sentimiento aprensivo de desaprobación, o más exactamente de repulsión, que otras épocas concibieron contra el pecado de brujería y el de simonía (Wiener recuerda al respecto la condena infligida por Dante en su Infierno a los pecadores de tal especie), puede hoy fácilmente generarse contra la cibernética, que parece querer sobrepasar, también ella, los confines de lo humano y de lo lícito, lanzando un desafío al Poder de creación espiritual con el propósito de suministrar una «conciencia» a una máquina, como el legendario rabino de Praga insufló un espíritu a su Golem, un muñeco de greda, merced a su arte de magia. Por otra parte, como Wiener reflexivamente aclara en la última parte de su libro, hay una tentación fuerte y difundida de cometer tales pecados; esto es, de valerse de los descubrimientos ofrecidos por los desarrollos más avanzados de la ciencia (que progresa siempre porque tal es la tarea que le es encomendada: alargar el horizonte cognoscitivo del hombre) a fin no precisamente de exaltar al hombre, sino de envilecerlo. Es la actitud asumida por todos aquellos que, impacientes con la libertad humana que supone la facultad de elección, el sentido de responsabilidad y hasta la limitación del error, se hacen adoradores del objeto mecánico, al cual quisieran adjudicar la tarea de sustituir al hombre, confiando en su supuesta racionalidad y eficiencia absoluta para la ejecución de cualquier proyecto. Como hemos visto, el mito mismo del «Derecho Artificial» no es sino una proyección práctica de esta cortejada «conciencia artificial». Pero la máquina, como sustituto del hombre, advierte Wiener, está expuesta al peligro de que el error de previsión esté enormemente multiplicado en sus efectos, con consecuencias irreparables. En efecto, una máquina provista de una finalidad propia la perseguirá sin tener consideración alguna del significado práctico que debe estar en toda finalidad de la acción y que solo la mente humana puede establecer, valorar y corregir. Wiener recuerda al respecto, entre otras leyendas, la del aprendiz de brujo en la fábula de Goethe, que sabía desencadenar las fuerzas mágicas, pero no controlarlas; por lo cual concluye Wiener: «Dad al hombre las cosas que son del hombre, y a la computadora las cosas que son de la computadora.»

Estas distinciones de tareas y de cooperación de funciones, que Wiener asigna al hombre y a la máquina, que además él, concibe no ya en sentido simplemente instrumental, aunque con capacidad autónoma limitada, precisamente como el Golem de la leyenda, se explica de modo bastante significativo en el caso de las máquinas de traducción automática de una lengua a otra, que el autor examina en las páginas finales de su libro. Se trata de un ejemplo particularmente ilustrativo. En efecto, una máquina de traducción automática constituye un tipo verdaderamente ejemplar de máquina cibernética, destinada a transformar mensajes recibidos en mensajes emitidos, con una correlación estrecha entre sí; la obra que esa máquina realiza es de naturaleza definitivamente intelectual y hasta constituye una reproducción perfecta de un procedimiento exclusivamente humano, como es el de la expresión de significados merced a la palabra; en fin, en el proceso de traducción tiene lugar una interacción entre el hombre y la máquina, que nos pone, de hecho, en la médula misma del problema que nos ocupa, que es el de la expansión de los poderes del hombre, de la nueva dimensión tecnológica por él alcanzada y de la comunicación entre el hombre y la máquina. Parece en verdad evidente —Wiener lo pone de manifiesto— que se produce una especie de simbiosis intelectual entre el hombre y la máquina, como sucede cuando al primero se le aplica un miembro artificial que esté unido a los impulsos nerviosos (como ciertas manos artificiales para mutilados, que han sido experimentadas en Rusia), con lo cual el hombre se convierte en un conjunto natural-mecánico. Recientes experiencias quirúrgicas pueden incluso llevarnos a reconocer que el hombre que vive con un corazón artificial no deja por ello de ser hombre. ¿Por qué entonces, podemos preguntarnos de rechazo a cuanto observaba Wiener, no debería un hombre que se vale de un cerebro mecánico (la calculadora electrónica) en sus operaciones mentales no reconocer que ha logrado objetivar en dicho cerebro su conciencia en forma mecánica, como en un corazón artificial ha sabido objetivar su fuerza vital?

7. TAUBE: LA CRÍTICA DE LAS «MÁQUINAS PENSANTES»

En las confrontaciones del problema de la máquina-hombre (provista de ciertos atributos como el pensamiento e incluso la «conciencia», que eran considerados como exclusivos del hombre) puede asumirse también una actitud diversa tanto en la confianza y la reprobación de que hablaba Wiener, cuanto en la adhesión manifestada hasta el entusiasmo, de la que no faltan además testimonios. Puede asumirse una actitud perfectamente crítica, desprovista de inhibiciones ideológicas y de complejos infantiles, y, en la línea de tal actitud, llegar a un escepticismo razonable. Es lo que le ha tocado hacer a un estudioso del problema, provisto por añadidura de una larga y directa experiencia tecnológica en el campo de la electrónica, Mortimer Taube, y lo demuestra el título por él escogido para su aguda obra: *Calculadoras electrónicas y buen sentido,* y todavía más en el subtítulo: *El mito de las máquinas pensantes*[7].

El tema de Taube es trazar los límites intrínsecos de las calculadoras electrónicas y al mismo tiempo explicar cómo la identidad (conceptual) entre la máquina y el hombre ha sido obtenida «ya no con la atribución de cualidades humanas a la máquina, sino más bien con la de limitaciones mecánicas al hombre». Para desarrollar su argumentación, Taube procede partiendo de un severo examen de las tentativas de poner en marcha la M.T. *(Mechanical Translation)* o traducción automática: empresa cuyo valor asciende al orden de centenares de miles de dólares sin haberse logrado el resultado deseado y sin posibilidad de lograrse, según Taube. En realidad se trata de una empresa que procede no a partir de un estudio científico del lenguaje, o sea, del reconocimiento de su naturaleza peculiar, sino de la determinación arbitraria (es decir, convencional) de lo que es el lenguaje, en los términos arbitrariamente exigidos para que una traducción automática acabe siendo científicamente posible. Se ha colocado al fenómeno «lenguaje» en el campo procustiano de un esquema predeterminado, que es el procurado por el lenguaje matemático y la lógica proposicional, que han de actuar, respectivamente, con las relaciones entre números o entre proposiciones, pero no con su naturaleza interna, mientras las transformaciones lingüísticas, que se efectúan en un proceso de traducción, han de actuar precisamente con los contenidos de significado. Taube compara esta «aberración científica» con la frenología, esto es, con la creencia de poder localizar determinadas facultades del espíritu en ciertas protuberancias del cráneo, perdiéndose de vista que el significado es un continuo que no podemos romper: cada cosa tiene su significado solo referida al discurso, al lenguaje, a la conciencia.

La relación entre hombre y máquina, escribe Taube, es de integración e incremento, jamás de «simulación»; las características esenciales del organismo viviente no pueden imitarse o copiarse y menos aún ser sobrepasadas nunca por las máquinas. El supuesto con que se atribuye raciocinio a las «máquinas

[7] M. Taube, *Computers and Common Sense,* Columbia Univ. Press, New York 1961.

pensantes» es que la facultad de juicio humano (o, en general, biológico) puede llegar a estar exhaustiva y totalmente reproducida gracias al procedimiento de un código binario, es decir, a una serie de identidad y de diferencia, que es lo que hace posible el trabajo de las calculadoras electrónicas, pero se trata, en realidad, no de reproducción, sino de reducción de un sistema a otro, absolutamente diferente y más pobre. La «ingeniería humana», que es el mito supremo de la ciencia contemporánea, no puede realizarse, por consiguiente, siguiendo la concepción mecanicista del hombre, sino reconociendo la complementariedad de funciones entre la máquina y el hombre. Esta conclusión no es entonces diferente de la de Wiener, que hemos presentado anteriormente.

8. LA CALCULADORA ELECTRÓNICA COMO *SIMIA HOMINIS*

Los argumentos desarrollados por Taube, que acabamos de señalar, han sido expuestos en forma por demás brillante y constituyen, indudablemente, el correctivo eficaz a una admiración un poco ingenua y a una expectativa fantasiosa algo difusa. El punto fundamental alrededor del cual gira su razonamiento podría expresarse en estas palabras: la máquina no es un «hombre parcial», sino justamente una máquina. Se ha verificado, en efecto, este hecho curioso: el proceso tecnológico ha conducido a la invención de máquinas que reproducen ciertos procesos mentales del hombre (por ejemplo, el cálculo numérico), sosteniéndose que esto sucede porque su función corresponde a una estructura, de modo análogo al hecho por el cual la función pensante del hombre corresponde a su estructura nerviosa. Se había pensado que, aumentando su complejidad, las máquinas se aproximarían mucho más al modelo humano; sin embargo, no se consideró que el criterio interpretativo asumido era equívoco, porque no se ha demostrado que la estructura de las máquinas imita a la del hombre, como que su función sea un «mimo» del pensamiento.

A nuestro juicio se trata, en realidad, precisamente de una función «mimética», que es cosa diferente a una «reproducción», error en el que a menudo se incurre a causa de la difundida convicción de la posibilidad de una «reproducción» mecánica de la actividad humana, como la grabadora que reproduce una voz, o un filme que reproduce las imágenes en movimiento. La calculadora electrónica no «reproduce» el pensamiento más de cuanto no lo han hecho las máquinas calculadoras que la han precedido, a partir del ábaco y por la tabla pitagórica: en verdad es un «mimo»; esto es, reproduce los movimientos, las cadencias de ritmo, los procedimientos analíticos, por todo lo cual la «máquina pensante» podría definirse como una *simia hominis*. Quizás pueda sugerirse un ejemplo al respecto. Se sabe que existen hombres capaces de efectuar mentalmente operaciones matemáticas de género complicado (elevaciones a potencia, extracción de raíces) con una rapidez sorprendente para el hombre común, otros que tienen una memoria matemática capaz de acumulaciones extraordinarias (conocimiento completo de un horario de trenes o de calendarios por un número considerable de años) y hasta animales capaces de «calcular» a su modo la frecuencia de las vibraciones (el así llamado lenguaje de las abejas). En los casos mencionados de hombres poseedores de particulares aptitudes para el cálculo se observa muy a menudo que se trata de individuos mediocremente dotados de inteligencia, que en épocas pasadas se ganaban la vida solo como fenómenos de feria; en el caso de individuos con una capacidad prodigiosa de retención mnemotécnica se trata en su mayoría de esquizofrénicos o de retrasados mentales cuyas energías, por decirlo así, se han acumulado únicamente en ese punto, y a veces se trata de niños prodigio destinados a posteriores desilusiones. La similitud de ejercicio de una calculadora electrónica y de una calculadora humana, en los casos señalados, nos parece evidente. El sistema de funcionamiento de las máquinas electrónicas puede quizás ayudar a comprender los prodigios aparentes de la mente analítica en funciones, e incluso a proveer su sustitución y potencialidad mediante la «mimesis» mecánica.

El genio mecánico, o propiamente creativo, es, no obstante, una cosa bien distinta: no se aplica al cálculo, pero toma las leyes de él. En el famoso ejemplo de Pascal, «reproduce» (aquí la expresión se usa en sentido exacto) la sucesión de los teoremas de Euclides, redescubriéndolos sin conocerlos. Por otra parte, es necesario advertir que hay problemas matemáticos que no son algorítmicos, cuya solución (completa o parcial) puede obtenerse solo en forma no algorítmica, o sea, recurriendo a un procedimiento mental intuitivo y no analítico, lo cual establece una diferencia no superable entre la «calculadora» automática y el hombre «calculante»[8].

9. EL COMPORTAMIENTO DE LA MENTE Y DE LA MÁQUINA

¿Hasta qué punto el conocimiento de las calculadoras electrónicas ayuda a echar luz sobre el de nuestros procesos «automáticos» de pensamiento? El argumento ya ha dado lugar a una vasta y apasionante literatura científica en los diversos campos de la psicología experimental, de la neurofisiologia, de la biónica moderna, y, por supuesto, de la cibernética misma. Nos parece que merece especial atención, a este respecto, la posición asumida por W. Sluckin[9]. En la pugna entre los defensores de una concepción mecanicista del comportamiento psicológico del hombre, en la que se disolvería sin residuos su conciencia (que así no podría distinguirse de una «artificial»), y los sostenedores de una concepción que llamaríamos genéricamente teleológica, Sluckin tiende a minimizar la disputa acusándola de «metafísica». Observa que el método de análisis psicológico mantiene todavía su autonomía útil, reconociendo, sin embargo, la utilidad y fecundidad de los estudios neurofisiológicos y cibernéticos coadyuvantes. De cualquier manera, esta posición equivale a una confirmación, aunque sea en lo que a hipótesis experimental se refiere, de la realidad de la

8 L. O. Kattsoff, *Some philosophical Issues and Automata:* Filosofía XVIII (1967) 9° fase, internac., 737 y ss., especialmente 741.

9 W. Sluckin, *Minds and Machines,* Penguin Books, London 1954.

«conciencia» en términos todavía típicamente humanos. Baste recordar que Sluckin distingue sutilmente entre «comportamiento intencional» (del hombre o ser viviente) y «comportamiento disposicional» (de la máquina), limitándose a calificar como «hipótesis sugestiva» la de conservar el *robot* calificable en términos de inteligencia y, al hacerlo así, considerarlo capaz de «mostrar un comportamiento intencional disposicional». No obstante, se trataría siempre de una hipótesis, esto es, del uso de un modelo, empleado a fin de obtener una «analogía coordinadora» con el propósito de formular una hipótesis explicativa (científica) en términos descriptivos, accesibles al sentido común. Como reconoce y hasta subraya Sluckin, «el sentido del término 'intención', en su significado ético, no puede obviamente aplicarse a la máquina. La pregunta de si las máquinas pueden demostrar una intención está en este sentido, absolutamente desprovista de significado en la medida en que no es posible describir el comportamiento de un *robot* en términos de valoración moral».

La conciencia de la máquina, en consecuencia, no puede tener una *intención,* en el significado pleno, humano, propio del término, el cual implica un propósito, originado por una necesidad moral, y, agreguemos, rechazando las consideraciones sugeridas por Taube, tampoco puede tener intuición, o sea, una capacidad pre-analítica o ultra-analítica, para reclamar un significado dentro de la continuidad discursiva; es decir, ascender inmediatamente de lo particular (o suma de particulares) a la condición operativa misma de los particulares. ¿Qué queda, por consiguiente, que pueda entenderse con el término de «conciencia» referido a la máquina?

10. LA CONCIENCIA MECÁNICA COMO CONCIENCIA ARTIFICIAL

Hemos examinado, siguiendo las huellas de las orientaciones más significativas del pensamiento científico reciente, de qué manera se ha podido llegar a formular la pregunta: *¿una máquina puede ser consciente?* Podemos ahora volver a la interrogación que nos ha servido como punto de partida de la discusión y formular nuestras observaciones sobre la respuesta afirmativa e incondicional que el propio preguntante, Thompson, ha creído poder dar. Recordemos que éste partía del supuesto (hipotético) de que un *robot* fuese capaz de ejecutar *todo* lo que ejecuta un ser humano, esto es, tener todas las características que justifican nuestra expresión de «conciencia humana» o natural. En este caso, concluía Thompson, si se le negase al *robot* el ser consciente, como lo quieren los teóricos antimecanicistas, no habría tampoco fundamento alguno en atribuir la conciencia a los propios hombres. Como se ve, el razonamiento se basa en un supuesto puramente abstracto (es un caso límite, quizás irrealizable) y se desenvuelve de manera puramente formal (axiomático-tautológica). Aceptémoslo de todos modos así como es y limitémonos a hacer una acotación que nos parece coherente. *Si* una máquina alcanzase una conciencia plena, no podría, en definitiva, tener otra conciencia que la de «ser máquina», es decir, creación del hombre, proyectada, construida y operante de manera diferente al hombre; es claro que no tendría una conciencia «humana». Ciertamente nos parece que en la proposición sostenida por Thompson, que tiene el mérito de poner al descubierto y de llevar a las últimas consecuencias pensables ciertas disposiciones latentes de reflexión bastante difundidas en el ambiente científico interesado en las investigaciones cibernéticas, persiste un curioso prejuicio antropomórfico por el cual la máquina electrónica es considerada con una actitud psicológica, que proyecta la propia imagen y la «reproduce» en superficie, como sucede con Narciso en el espejo del agua[10].

Consideramos que de todas maneras es lícito hablar de una conciencia «mecánica» como conciencia artificial, del mismo modo que se habla en la actualidad de un «inconsciente», que se viene explorando conforme a sus formas y leyes y que se distingue de la «conciencia», de la cual, por otro lado, constituye la infraestructura necesaria. Existen, además, mecanismos del comportamiento y de la percepción que son explicables en términos cibernéticos y que componen una infraestructura conciencial, de la que la conciencia, en su totalidad y complejidad estructural, participa e incluso no puede dejar de hacerlo. Puesto que la conciencia no es en verdad reducible a un estado unitario y menos aún a un centro puntual, según la concepción común, le es inaplicable esa rigurosa alternativa lógica que gobierna los circuitos electrónicos de la unidad y del cero. Sin embargo, los recientes descubrimientos en el campo de la neurofisiología han establecido el principio analógico del «umbral» de la conciencia, por el cual un impulso nervioso se transmite o no se transmite según alcance o no el mínimo de intensidad requerido, de donde se explica la aplicación de los modelos cibernéticos en este campo de investigación. Pese a todo, no se tiene en cuenta, de este modo, que la característica del fenómeno está en la transformación sufrida por los impulsos, esto es, desde la irreversibilidad del proceso a partir de unidades elementales hasta estructuras compositivas, en las cuales el conjunto *(Gestalt)* corresponde a la suma y al mismo tiempo supone un elemento innovador. Si colocamos *n* puntos en forma de círculos, es diferente dejarlos en orden irregular o ponerles en sucesión lineal. Aunque esta imagen sea muy aproximativa (se necesitaría más bien recurrir a un ejemplo basado en ciclos de frecuencia), puede tener un valor indicativo del carácter propio y, en cierto sentido, irreducible de la conciencia, como proceso morfogenético.

Sin duda podemos concluir que, en el futuro, el desarrollo de los calculadores electrónicos aportará la necesidad de un condicionamiento siempre mayor de la actividad mental del hombre a la funcionalidad de la máquina y la posibilidad de una transferencia o, más aún, quizás de un intercambio posible de la conciencia mecánica entre el hombre y la máquina, sin que por ello sustituya una conciencia artificial a la «natural».

---

[10] Otras objeciones de orden psicológico le han sido formuladas a Thompson por R. J. Clack, *Can a Machine be Conscious?:* The British Journal for the Philosophy of Science XVII (1966) 232 y ss., y por R. Puccetti, *On Thinking Machines and Feeling Machines:* Ibidem XVIII (1967) 39 y ss.

V

ÉTICA Y CIBERNÉTICA

1. EL PROBLEMA ÉTICO DEL HOMBRE ARTIFICIAL

El problema de las relaciones entre la cibernética y la conciencia humana, que hemos tratado en el capítulo precedente, bajo el aspecto cognoscitivo, presenta, sin embargo, también otro aspecto afín a éste e igualmente necesario: es el problema ético. Si fuese posible construir un *robot* provisto de una conciencia artificial, ¿deberíamos considerarlo, o no, como un sujeto moral? La pregunta, no menos sorprendente que aquélla formulada por Thompson acerca de la atribución de una conciencia a las máquinas, estrechamente unida a la misma, ha sido empero hecha, y la respuesta que puede llegar a dársele aparece condicionada por la aceptación o el rechazo de una concepción materialista de la vida humana: responder afirmativamente significaría «suprimir la diferencia entre los cuerpos y las conciencias; responder negativamente es, por el contrario, sostener el principio del esplritualismo[1].

El mismo problema ha sido encarado con mayor altura especulativa por Guido Calogero, el cual, exhortando a los cibernéticos a «ver bien dónde se encuentra la frontera que separa el reino de las máquinas de la república de las conciencias», ha dado una solución plenamente coherente con las tesis filosóficas por él sostenidas: si en verdad fuese posible construir autómatas capaces de sufrir y de gozar, también éstos tendrían el derecho a ser comprendidos y ayudados. Dado que «ser consciente», como observa Calogero, «significa tener un interés en algo», o sea, hacerse partícipe de la vida de otro, en la cual «el otro es aquél que sufre, no aquél que razona»[2].

---

1 P. T. Manicas, *Men, Machines, Materialism and Morality:* Philosophy and Phenomen. Research XXVII, 2 (1966) 238 y ss.

2 G. Calogero, *L'uomo, l'automa e lo schiavo*: La Cultura IV (1966) lss. El texto reproduce el de una conferencia dictada en Ginebra en septiembre de 1965. Para elucidaciones ulteriores, cf. G. Calogero, *Lettera a Vittorio Somenzi,* en *L'uomo e la macchina, Atti del XXI Congresso Nazionale di Filosofia* I, Edizioni di Filosofia, Torino 1967, 94 y ss.

El problema, tal como ha sido concebido, es todavía un problema de escuela que se refiere a una hipótesis sobre una eventualidad del futuro y puede, tener, en consecuencia, un valor meramente indicativo de ciertas orientaciones filosóficas: querer discutirlo como problema referido a una posibilidad real significaría retornar a las disputas del número de ángeles que hay sobre la punta de una aguja. Reviste, sin embargo, una importancia fundamental y actual, en cuanto se le considere no ya como el problema de una máquina aislada dotada o casi dotada de sentido moral, sino como el problema de la civilización entera de las máquinas contemporáneas, es decir, del hombre mismo, en cuanto portador de una nueva responsabilidad en el mundo de la acción, que le ha sido otorgada por la capacidad tecnológica. La relación entre hombre y hombre, en la civilización industrial, está ahora constantemente mediatizada por la realidad de la presencia de las máquinas; y ha alcanzado así tonos de verdad un pensamiento también profético, del ya mencionado Samuel Butler: «El alma misma del hombre se debe a la máquina; es un producto de la máquina. El hombre piensa como piensa, tiene las sensaciones que tiene, gracias al influjo y a la acción de las máquinas sobre él. Sin las máquinas no podría existir, como las máquinas no existirían sin él.» Se ha realizado a partir de esto el hombre-máquina, no el hombre de Lamettrie, sino el hombre nuevo, provisto de órganos artificiales suplementarios, que le permiten sentir, hablar y ver, superando el tiempo y el espacio, a los que estaba hasta ahora reducido mediante nuevos instrumentos de comunicación y de registro; superando inclusive, con los vuelos espaciales, el ámbito de la atmósfera terrestre misma, a la que la humanidad parecía ineluctablemente confinada. El hombre de hoy, en suma, es efectivamente un hombre artificial, de por sí un hombre-autómata, dotado de una conciencia doble, según que se considere a sí mismo, en su identidad originaria o «natural» (como se decía alguna vez), o que se observe a sí mismo en su integración con el mundo «artificial», creado por él mismo, el hombre en su alteridad. Entre estas dos manifestaciones suyas, la conciencia humana vive en el presente en tensión constante, y una investigación acerca de la ética contemporánea no puede prescindir de hacer examen, precisamente, del problema del hombre considerado como *robot,* del problema de la conciencia heterónoma del hombre masa, concebido como elemento de un mecanismo social gobernado por las leyes de la automatización, de las cuales el campo de concentración constituye una experiencia aberrante y, sin embargo, paradigmática.

2. CONCIENCIA INTERNA Y CONCIENCIA EXTERNA

Para entender cómo ha llegado hasta ese grado de evidencia la duplicación de la conciencia humana en dos formas, que llamaremos «interna» y «externa», según que esté referida al hombre «natural» o al «artificial», es necesario remontarnos a la situación primigenia del hombre en sociedad, ya que desde que el hombre vive en sociedad (o sea, que comienza a existir como hombre) se opera en él un desdoblamiento entre identidad y lateridad y, podría decirse, entre el sí mismo en primera y en tercera persona. La conciencia ética transcurre continuamente entre estas dos formas, entre la conciencia de actuar y la conciencia de ser actuado del hombre, y de esta dialéctica surge, por tanto, el principio mismo de la reflexión sobre la acción, operándose con ella el proceso de levitación de la personalidad. El hombre está en resumen, en la escena del mundo social, en la condición de un actor que tiene conciencia de ser él mismo, el hombre que es y, al mismo tiempo, el personaje que encarna e interpreta la parte que le ha sido indicada y aquella que está prevista en las tradiciones existentes, en las instituciones vigentes y en los órdenes innovadores de la convivencia civilizada[3].

No se debe por ello considerar la conciencia «interna» como una conciencia de segundo grado, en la cual la otra –la externa– se refleja como en un espejo que envía a otro su propia luz. La conciencia a que nos referimos no es aquella «que nos hace viles», como dice Hamlet, en cuanto conciencia de pensamientos separados de las acciones; tal es, por el contrario, la conciencia operativa, entendida como constante control del comportamiento, o sea, como continua recomposición de una imagen unitaria de nosotros mismos que constantemente estamos fluidificados en nuestras acciones; estamos de tal modo reconducidos desde una profundidad de sucesión en el tiempo en el cual se desenvuelve la acción y con ella la personalidad, hasta una amplitud de simultaneidad en la conciencia, horizonte abarcante y confinante de cada uno de nosotros en relación con los demás. El tránsito que se opera entre la conciencia externa y la interna de la acción equivale, por lo demás, a un constante reabsorbimiento de una por otra o a una recíproca conversión de una en otra, por cuanto no es posible mantener indefinidamente un estado de desapego y de tensión entre las dos formas de conciencia, que representan dos proyecciones de actividad de la misma imagen humana, y cuya duplicidad, como se ha dicho, debe considerarse dialéctica y no estática. Quien actúa lo hace siempre inmerso en la luz vivida o tenue de la conciencia de la acción hasta el límite extremo de la automatización pura, pero comprendiendo que su actuar es a veces un estar actuado, un someterse a una coherencia de la acción que provoca y que resulta de su propia participación en una trama social del actuar, donde se verifica la repetición de la conciencia. La conciencia interna, en cuanto correlativa de la externa, es la conciencia de un personaje que sabe que es tal y que, precisamente por esto, no cesa de serlo, aunque lo sea a veces con demasiada dramaticidad.

---

[3] Para un planteamiento análogo del problema, basado, sin embargo, en la diferencia entre *the manifest self* y *the essential self*, cf. A. Natanson, *Man as an Actor*: Philosophy and phenomen. Research XXVI (1966) 327 y ss. Sobre el desdoblamiento entre actor y personaje, cf. las inteligentes observaciones de G. Bianca, *Il cinema, l'attore e il rapporto arte-vita*, D'Anna, Messina-Florencia 1960.

3. LA EXTERIORIDAD DEL DERECHO EN EL PROCESO JUDICIAL

Esta experiencia fundamental de la conciencia operativa, que hemos indicado valiéndonos de los términos ofrecidos por la experiencia de la dramaturgia, puede ser confirmada trasladándonos de la escena a la sala de un tribunal, donde se interpreta y se vive la representación del proceso judicial, del que son intérpretes los jueces, los abogados y las partes de la causa.

El magistrado cuando toma su puesto y reconstruye el hecho que es materia del juicio, procede dentro del marco de la conciencia externa, que es la del hombre de leyes, obediente de las normas del procedimiento, preocupado por adaptar las normas de Derecho a la acción. Sin embargo, también en el magistrado más minucioso puede muy bien aparecer, en cierto momento, una conciencia diversa de la que guía sus acciones, en cuanto que es partícipe y hasta garante del ordenamiento de las acciones en eí sistema jurídico en vigencia. Puede presentársele a la conciencia del magistrado el reconocimiento de que su actuar (correcto, hasta escrupuloso, investido de una tarea moral de responsabilidad por el propio cargo que desempeña) es en realidad un estar-actuado, esto es, un actuar de conformidad con las leyes, incluso con plena renuncia de los sentimientos personales; es la ley que dicta y el magistrado que sigue aún encarnando en ese acto la palabra de la ley. Esta, por lo demás, es la así llamada exterioridad del Derecho, no entendida en sentidon físico, sino en sentido puramente conciencial y operativo, como un actuar en cuanto ser-actuado.

Todavía más manifiesto se hace el criterio diferencial entre las dos formas (posibles, y no siempre actuales entrambas) de la conciencia, si se considera el comportamiento del abogado. Resulta demasiado evidente en la experiencia común y es racionalizado en las formulaciones doctrinarias que el abogado se casa con la causa del cliente de quien asume la defensa. Vale decir, se identifica con la parte que debe representar por cuenta del propio cliente (y que es la de acusado inocente, o de persona gravemente ofendida, o de víctima de la buena fe propia, etc.), con esa prontitud y disposición que constituyen el primer recurso de un hábil profesional. Sin embargo, se da el caso, patológico pero no esporádico, de que el defensor actúe en completa contradicción con sus convicciones íntimas acerca de la responsabilidad de su cliente. En casos de este tipo, una sutil interpretación de la ética profesional justifica el comportamiento del abogado, afirmando que éste ya no se tiene al servicio del cliente que le paga, sino a dedicarse al compromiso contraído, conduciendo hasta el final el mandato propio sin ahorro de fuerzas ni talento y dejando al juez la responsabilidad final del veredicto, sirviendo así, por su parte y a su modo, la causa de la justicia. Lo que interesa subrayar aquí es precisamente la constatación de que el abogado debe introducirse en la lógica procesal y operar conforme a ella, asumiendo una conciencia externa correspondiente a la interna de su personalidad.

Por último, no sorprenderá la constatación de que también la parte en el litigio, actor o demandado, parece a menudo revolverse igualmente en su conciencia doble: la externa, impuesta por las reglas del procedimiento, dentro del cual está «representada» en el proceso por el abogado, en cuanto parte en conflicto con otras partes, y la interna de quien se siente (como a menudo sucede) cerca del engranaje de un mecanismo extraño a sus hábitos y a veces su inteligencia. En este sentido puede muy bien decirse que el sujeto humano se hace «persona», esto es, máscara jurídica[4].

4. LA DUPLICACIÓN DE LA CONCIENCIA COMO EXPERIENCIA TRÁGICA

El fenómeno de la duplicación de la conciencia que hemos ejemplificado con respecto a la experiencia dramática (y a la judicial) no es ilusorio, al igual que la referencia que hemos hecho no es arbitraria ni casual. Sobre todo hay que observar que la conciencia, entendida como principio de reflexión, surge siempre de un contraste, de una duda, de una tensión interior; es dialógica del hombre consigo mismo, ya que la propia unidad tiene necesidad de hacerse dualidad para conocerse a sí misma. El significado problemático de esta forma doble se hace evidente en la representación dramática en que el «participar de sí mismo» supone, en los orígenes de la experiencia teatral, una escisión de la personalidad en dos partes, de las cuales una aconseja o amonesta a la otra, mientras el sujeto está por cumplir una acción, o cuando ha cometido algo prohibido; y «la otra» aparece a veces mitificada en la figura de un dios[5]. El drama, en verdad, es fundamentalmente acción; es incluso la revelación, en la forma mítica o plástica de la experiencia escénica, de la dinámica psicológica misma del actuar, a fin de realizar la propia personalidad[6]. Como ha advertido Benjamín Constant, la esencia de la tragedia consiste, precisamente, en el contraste perenne y fatal entre el personaje y el ambiente social en que está situado, o sea, de la conciencia consigo mismo en cuanto alteridad. Escribe Constant: «Cuando el hombre... está lanzado, sin saberlo y sin su consentimiento, en ese laberinto que se llama mundo, éste lo circunda con un conjunto de condiciones, leyes, instituciones y relaciones públicas y privadas. Ese conjunto le impone un yugo, que pesa sobre el hombre como una carga preexistente y contra la cual, cuando

---

4 Quien ha puesto en relieve con particular sutileza y profundidad el carácter teatral del proceso judicial ha sido Wolfang Goethe, quien, por lo demás, había ejercido la profesión de abogado. Precisamente continúa siendo célebre la descripción de la audiencia a la cual asistió en Venecia: cf. *Viaje por Italia,* Iberia, Barcelona 1956. Recuérdese el comentario de P. Calamandrei, *Goethe e l'oralità*: Rivista de diritto process. civile V (1928) P. I., 258-60.

5 Así, en la interpretación de M. Class, *Gewisseregungen in der griechischen Tragödie,* analizada por A. Camerini en su artículo *Intorno alla genesi della «coscienza» nel mondo antico*: La Cultura IV (1966) 338 y ss.

6 Cf. R. Cantarella, *Alcune considerazioni sul teatro greco:* Dioniso XXXVII (1963) n. 12, 31 y ss., donde se sostiene que el verbo *drân,* significa *actuar.*

llega a conocerla y siente su peso, no le es dado combatir sino en situaciones de enorme desigualdad y de grandes peligros»[7].

La relación entre hombre y sociedad, de la que habla Constant, es, en definitiva, una relación del hombre consigo mismo, según que esté considerada desde lo interno o desde lo externo de la conciencia individual. En la ejemplar experiencia de la *Orestíada* de Esquilo –«el poeta de la Diké», de acuerdo con la feliz definición de G. Perrotta– está representado, en forma teatral y jurídica al mismo tiempo, el drama eterno de la conciencia lacerada y de su reconciliación consigo misma[8].

5. DEL MUNDO ANTIGUO AL MUNDO MODERNO

Ciertamente, en el mundo griego la distinción entre las dos formas de la conciencia es concebida en términos problemáticos, con una ambigüedad sustancial. La situación espiritual de ese mundo tiende a identificar enteramente al hombre bueno con el buen ciudadano, la conciencia interna con la externa, sin que, por otra parte, haya podido jamás lograrlo, como lo demuestra en forma evidente la tentativa hecha por Aristóteles en sus reflexiones éticas[9]. El anuncio de esa distinción aparece más bien vinculada al cristianismo, que la habría revelado e impuesto al hombre antiguo; si bien tenga que considerarse que tal distinción ha sido inevitablemente formulada de nuevo en el interior de la comunidades cristianas, como un conflicto entre el hombre eclesiástico –que se siente portador de valores comunitarios y vinculado a su obediencia– y el hombre pneumático, que percibe el soplo del espíritu divino de manera posesiva y exclusiva, y que por ello se siente aislado de la propia comunidad de los fieles. Hay, por tanto, también aquí una duplicidad de la conciencia del cristiano en cuanto tal, que sabe que no podrá tener salvación fuera de la iglesia y que, sin embargo, sabe que su alma no es propiedad de la iglesia, sino de Dios, a quien deberá entregarla después de haber sido administrada por aquélla. En el ordenamiento de la iglesia católica, esta duplicidad de forma se explica de modos diversos, desde el bautizo, que establece una especie de derecho de ciudadanía en la ciudad de Dios, pero que no puede conferir los atributos que son propios del hombre, a la confesión, en la que la conciencia interna (del pecador) se convierte en la externa (del penitente). Puede decirse que todos los sacramentos que escalonan la vida espiritual del creyente sirven justamente para garantizar la fecunda ambivalencia de la identidad y de la alteridad de la conciencia religiosa.

---

[7] B. Constant, *Reflexions sur la tragédie*. Se trata de un estudio publicado en dos entregas en la *Revue de Paris* de 1829 y posteriormente publicado en las *Oeuvres* a cargo de A. Roulin, Bibliothèque de la Pléiade, París 1957, 933 y ss.

[8] En la tragedia de Esquilo, la unidad-dualidad de la conciencia está representada por la relación Orestes-Pilade, como aparece en el episodio tercero de las *Coéforas*.

[9] Cf. A. W. H. Adkins, *Merit and Responsibility. A Study in Greek Values*, Oxford University Press, Oxford 1960.

Este carácter complejo e intensivo de la conciencia, que es tal solo en cuanto la conciencia es precisamente una con-sapiencia, una capacidad de dialogar consigo misma, ha sido siempre advertido por la filosofía y de varios modos, sin que, no obstante, tal ambivalencia y tensión interna estuviese cada vez reconducida e inserta en el campo de la acción, desde donde surge. Cada uno de nosotros es aquel que es, o sea, es uno mismo, porque se advierte como tal desde sí mismo en su mismidad y porque se considera tal frente a los demás en el movimiento y en la coordinación (o en el conflicto) de las acciones. Nosotros, para señalar la distancia ideal que separa la situación en la que la conciencia de sí se reduce a alteridad de aquella en la cual, por el contrario, obtiene pleno relieve en su actuar la identidad, nos valdremos de dos ejemplos que corresponden a dos situaciones extremas: la condición del hombre reducido a objeto puro de órdenes y de sanciones, y la otra del hombre al cual le es conferida, por las circunstancias, la responsabilidad íntegra de sí mismo; al sujeto cuyo límite inferior de actividad coincide con el límite mismo de la sujeción a los demás, límite, además, que no puede ser otro que la muerte, corporal y espiritual, y a la persona llamada a atesorar toda su energía moral para la creación de un orden.

6. EL DERECHO CONCENTRACIONARIO Y LA ALTERACIÓN DE LA CONCIENCIA

La primera de las situaciones indicadas se ha realizado en los campos de concentración y de exterminio, organizados por el Tercer Reich nazi, fenómeno que ha sido ya convenientemente indagado[10]. Recordemos que el ordenamiento del campo de concentración era la derivación de una norma fundamental, la que lo había constituido por disposición del gobierno legalmente reconocido en la Alemania de ese tiempo. Toda la reglamentación de la vida en el campo de concentración era un equivalente disciplinario de las relaciones de fuerza y de subordinación en él existentes. No había distinción entre Derecho Privado y Derecho Público: todas las normas eran, por así decirlo, de derecho concentracionario. No había distinción entre Derecho Subjetivo (de la persona) y Derecho Objetivo. Todo el Derecho vigente estaba dirigido a la aplicación del reglamento y se fundaba en la certeza del terror. A causa de esto, como ha señalado Bettelheim, se producía en el prisionero, casi inmediatamente, una escisión entre «su yo más profundo», que podía quizás conservar su integridad, y el resto de la personalidad, que debía someterse y adaptarse al ambiente para que el individuo pudiese sobrevivir. Sin embargo, esa raíz de la conciencia, que indica Bettelheim, realmente empezaba pronto a secarse, porque toda la existencia trágica y efímera del internado en el campo terminaba con explicar de cerca la dimensión entera de la vida en común en el ritmo de la obediencia absoluta,

---

10 De entre la vasta literatura nos limitamos a hacer referencia a la obra de B. Bettelheim, *The informed Heart*, 1960.

pero no inerte, ya que se obligaba al condenado a trabajar, a cantar en coro y hasta se daba el caso de que excavase su propia sepultura; se estaba, por consiguiente, en actividad continua, que era un estar- actuados según las órdenes recibidas: el sujeto era alteridad en cada momento de su vida (o apariencia de vida). Se subraya que un prisionero no permanecía solo *nunca,* ni siquiera para los actos de la más celosa intimidad, y este tratamiento favorecía, sin duda, de manera decisiva y evidente el proceso de alteración de la personalidad, que terminaba por perder el centro de sí misma y se convertía por entero en dependiente de las condiciones externas de vida. Llamaremos al resultado así obtenido con el término de *conciencia alterada,* esto es, reducida a la alteridad absoluta, a la alienación total. En este caso, la dialéctica entre las dos formas de conciencia, interna y externa, llegaba a detenerse y el hombre, en cuanto heterónomo-directo, equivalía a un autómata, si bien no se eliminaba, sino que se aumentaba incluso, su capacidad de sufrimiento.

7. NUEVA VERIFICACIÓN DE LA HIPÓTESIS ROBINSONIANA

Una situación, simétricamente opuesta a la que hemos mencionado hace poco, se plasma en el caso de la así llamada «hipótesis robinsoniana», esto es, el caso de un sujeto que se encuentre en condiciones de absoluta soledad y deba, por tanto, dictarse leyes a sí mismo, habiendo abolido su conciencia externa, y esté, en consecuencia, investido de aquella autoridad que Vico llamaba «monástica» o «solitaria», aclarando que «los hombres la tienen propiamente en la soledad, pero por soledad se entiende no solo los sitios desiertos, sino también los hábitat donde el hombre se encuentre en la condición de no poder recurrir a la protección de la ley»[11]. Por lo demás, como escribe Defoe en las *Serious Reflections of Robinson Crusoe,* que siguieron a su célebre novela, Robinson se sentía más solitario en el corazón de la populosa *City* londinense que en el centro de su isla, dado que su soledad (o, por decirlo mejor, aquella imaginada y representada artísticamente por su autor) es una proyección psicológica, un hecho sobre todo interior, una reducción de la conciencia externa a la interna.

Se asiste, donde se considere la hipótesis robinsoniana, a un derribo del punto de vista fundamental en el cual nos habíamos colocado al tomar en consideración al internado en un campo de concentración. No es que la conciencia externa desaparezca jamás del todo en él, ya que dicha conciencia está siempre lista a resurgir en la esperanza o en el temor de encuentros con otros seres humanos en la isla. El mito de Robinson (como ha sido justamente llamado) es el de la reconquista de la naturalidad por parte del hombre, que en todo momento llega a estar presente ante sí mismo, hombre uni-dimensional

[11] G. B. Vico, *De universi juris uno principio et fine uno,* par. XCVIII. *L'ipotesi robinsoniana* es el título de un antiguo estudio del autor, publicado en los *Annali Semin. Giurid. Università Catania* VI-VII (1951-53).

en dirección interior. El «modelo» robinsoniano tiene así un significado voluntariamente ético y político, porque significa un reclamo a la «toma de conciencia» del puritanismo, una polémica contra el hobbesianismo y su valoración de la vida civil como vida colectiva, una reivindicación de los principios del Derecho Natural[12]. Se trata de un mito ahora lejano a la sensibilidad moderna, y aquí se ha querido evocar la hipótesis, solo para someterla a una nueva verificación, en el sentido de que funciona como símbolo revelador de una condición de «naturalidad», completamente opuesta a la artificialidad del mundo contemporáneo en que el hombre vive, cuando menos en compañía del teléfono y del televisor[13].

8. LA FALSIFICACIÓN DE LA CONCIENCIA ÉTICA

Queda tomar en consideración el caso en que el debilitamiento de la tensión entre las dos formas de la conciencia, con la consiguiente abolición de la dialéctica que la rige, no resulte derivado de la opresión de una de ellas, sobrevenida por circunstancias externas, independientes de la voluntad del sujeto, sino que se deba a un proceso de falsificación de la conciencia, operado deliberadamente por el sujeto mismo. Puede ocurrir, en efecto, que una de las dos posiciones de la conciencia eclipse a la otra: condición equívoca que da lugar a un resultado diverso del comportamiento conciencial, según que sea eclipsada la conciencia interna o la externa.

La actitud farisaica (para valernos del término evangélico) es la que asume quien atribuye también a la conciencia externa de su actuar, a la condición de sí mismo como «otro», la responsabilidad de coherencia de la acción, que, por el contrario, pertenece a la conciencia interna; es la actitud conformista, el respeto llevado a la consideración de los demás, a la condición exterior, social, legalista del sujeto, empujado hasta la obliteración de la «voz desde adentro», al ocultamiento de la intencionalidad, a la falta de convertibilidad entre el sentir y el actuar. La preocupación del sujeto se convierte entonces en adecuar todo el comportamiento propio, aun en los pliegues más íntimos de la acción, a los preceptos que reglan la vida comunitaria. La conciencia externa se concibe como sustituto de la conciencia interna a todos los efectos; esta última no puede ser eliminada, pero está sometida y regulada conforme a las conveniencias de la conciencia externa, y el actuar se convierte espontáneamente en un ser-actuado. Un ejemplo todavía reciente de este tipo de falsificación de la conciencia, es el que ofrecen los acusados de crímenes contra la humanidad, cometidos en obe-

---

12 Estas implicaciones han sido descubiertas por la penetrante investigación de M. E. Novak, *Defoe and thè Nature of Man,* Oxford University Press, Oxford 1963, ²1965. Sobre el significado histórico de la obra de Defoe, cf. nuestro artículo *Il vangelo di Robinson:* II Mondo 42 (1960) 9-10.

13 Acerca del fin del mito robinsoniano, cf. las consideraciones de A. Serpieri, *Avventure di mare e il mito di Robinson:* II Ponte XXII (1966) 971 y ss.

diencia a la disciplina militar (o más bien política, porque existe un honor militar que no se mancha con tales crímenes). La adhesión –no ciega sino claramente ostensible y despiadada– a las «directivas del partido», a veces pagada, e incluso en verdad también a costa de sacrificios personales, consiste precisamente en el esfuerzo de sobreponer la conciencia externa a la interna.

A tal actitud se enfrenta la otra, que genéricamente podría definirse como prometeica y que consiste también en una falsificación de la conciencia, provocada por la supuesta intercambiabilidad (que es cosa bien diversa de la convertibilidad, o relación concreta) entre las dos formas: en este caso, se trata de la tentativa de asumir a la conciencia interna como sustituto de la externa, a la cual incluso pertenecen características propias de participación y de funcionalidad en el ordenamiento comunitario. Este resultado se obtiene subrogando, de modo ficticio, una forma de conciencia con la otra; se ejecuta un rasgamiento en el tejido de la conciencia colectiva, en el que la conciencia colectiva se coloca, destruyendo la relación de funcionalidad con las estructuras colectivas de la acción, entre las cuales el sujeto vive y se mueve en cuanto conversión continua dentro de la alteridad. Los numerosos episodios de rebeldía ética en la historia de la conciencia moderna –del marqués de Sade al profesor Nietzsche–, en cada uno de los cuales se ha procedido a una justificación filosófica del inmoralismo, son un testimonio de la tentación recurrente en que cae la conciencia operativa.

9. LA CONDICIÓN HUMANA EN LA EDAD DE LA CIBERNÉTICA

Regresemos ahora a nuestra consideración inicial, de la que hemos tomado impulso en el presente capítulo, y que es la de la existencia de una tensión conflictiva en el hombre de hoy, entre el sentimiento de posesión de la humanidad originaria, natural, y el sentimiento de pertenecer a una condición de vida artificial; esto es, dominada por las formas y exigencias de las organizaciones de tipo industrial: tensión por la cual el hombre advierte el peligro de tal potenciamiento de su conciencia externa, siempre más modelada a imagen de un mundo mecánico, comprometedor de la vitalidad de su conciencia interna que se nutría hasta ahora de creencia y de dudas que se van disolviendo en un mundo tan diferente. Mundo en el que ya no vale la diferencia entre la luz del día y la oscuridad de la noche, la distancia entre la tierra y el cielo, la naturalidad de las leyes que regulan la vida y la muerte[14]. Es el mismo mundo en el cual el progreso técnico propugna la abolición de toda privacidad de la vida individual, expuesta ahora a toda forma de inspección y violación. Sin embargo, este mundo artificial no es un mundo deshumanizado, puesto que es justamente creación de la conciencia humana, querido y hecho por los hombres, para los cuales es, por consiguiente, plenamente homogéneo, bastante más que el mundo

[14] Se piensa en la procreación artificial, en la sustitución de órganos vitales con órganos artificiales, en las posibilidades de la hibernación.

natural mismo. El mundo de la técnica es, en efecto, el verdadero mundo de los hombres, el mundo civil en que se despliega la razón operativa.

El contraste que indudablemente hay es, por lo tanto, contraste del hombre consigo mismo, que ha tomado el puesto del antiguo conflicto entre hombre «natural» y «espiritual», porque se han modificado los términos de la relación: el término «natural» ha tomado ahora un significado positivo y se confunde en el presente incluso con el término «espiritual», dado que su antítesis está representada por el término «artificial», que se entiende como deshumanizado: no bestial, sino mecánico. Como hemos visto, el advenimiento de la cibernética en la historia de la tecnología moderna parece haber conducido hacia un punto de ruptura a la tensión entre los dos momentos constitutivos de la humanidad: el del fundamento naturalista y el que representa su prolongación en el orden de la invención. Si consideramos la imagen colectiva del hombre contemporáneo, situado entre las máquinas que constituyen ahora su condición de vida, o por lo menos de supervivencia, se nos aparece, en realidad, como una intrincada envoltura, como una simbiosis entre elementos naturales y elementos tecnológicos en los que la fisonomía, la voz, los miembros del hombre llegan a ser reproducidos, registrados, sustituidos, duplicados, multiplicados, separados de la persona humana, a la cual antes pertenecían de manera inalienable. Este proceso de descomposición y de transferencia se perfila ahora para las formas de su actividad intelectual: la máquina podrá calcular, razonar, proyectar por el hombre y también en el puesto del hombre. Como hemos dicho, la historia del hombre-autómata ha empezado ya, considerando a la humanidad tecnológica en su conjunto operativo.

Por ello, la civilización cibernética, que señala la fase de ingreso en la nueva era, plantea también un problema ético de valoración en cuanto que supone una modificación radical de la condición humana y crea un género hasta ahora desconocido de conciencia externa del hombre, en la cual se refleja una composición nueva de la sociedad con un marcado carácter tecnológico. Nosotros sostenemos, sin embargo, que la conciencia interna no debe quedar sofocada o disgregada por esto: la conciencia operativa, como hemos estados exponiendo, consiste en una tensión entre las dos formas, por la cual la nueva actitud de una impone una reacción de la otra, pero no su desaparición. El Derecho, la Economía, la organización social, la ciencia y la tecnología de la era cibernética, en cada una de las cuales se desenvuelve la conciencia humana conforme a nuevas estructuras del actuar y del conocer, pertenecen justamente a la naturaleza y a la historia del hombre, del cual extienden el horizonte. Y el hombre que avanza en la nueva era, sea porque dirija su capacidad cognoscitiva y operativa a una materia nueva, sea porque trate la misma materia de manera diferente, es siempre él mismo, que vive en un mundo distinto y que se hace distinto en un mundo que sigue siendo el del hombre[15].

---

[15] He parafraseado libremente un pensamiento de T. S. Eliot, expuesto en su estudio introductivo a *A Choice of Kipling's Verse,* Faber & Faber, London 1941.

10. CONCLUSIONES GENERALES

El recorrido mental que hemos realizado a través de los campos de la cultura contemporánea, en la que ha sido posible encontrar las aplicaciones de la «revolución cibernética» en aquellos terrenos de investigación que estaban tradicionalmente considerados como pertenecientes a las disciplinas humanísticas —Derecho, Ciencia de la Administración, Sociología, Psicología— ha llegado, por tanto, a su conclusión, en la que encontramos confirmadas nuestras breves consideraciones encaminadas a la extensión del interés especulativo de los problemas lógicos y los éticos.

Los aspectos que están inmediatamente vinculados al carácter tecnológico de la cibernética han sido investigados en una literatura que va continuamente aumentando y de la que forman parte contribuciones ya consideradas fundamentales, en justo título, como las obras de Wiener y de otros que nos ha tocado mencionar. Por el contrario, son todavía poco numerosos los estudios dedicados a la influencia ejercida por la cibernética sobre aquellas ciencias llamadas morales. Este libro representa una primera tentativa de síntesis de la nueva problemática, por lo menos en sus rasgos esenciales. Se ha querido mantener un criterio interpretativo general, que es el de una valoración crítica sin ser escéptica, confiada sin ser entusiasta. Se ha intentado sobre todo presentar al lector una especie de guía de un territorio que todavía no ha logrado ser familiar a los estudiosos de temas jurídicos y políticos.

El deseo que acompaña nuestro resultado de investigación es que sirva para despertar o estimular el interés por esos nuevos motivos de pensamiento y de experiencia, de forma que el autor pueda haber ayudado a los demás más que a sí mismo.

APÉNDICE I

EL HORIZONTE JURÍDICO DE INTERNET*

I. DEL OCHOCIENTOS, AL NOVECIENTOS: EL ADVENIMIENTO DE MUNDO VIRTUAL

El tejido histórico del siglo XX se encuentra íntegramente atravesado por el hilo rojo de los avances en telecomunicaciones. El ochocientos había ya marcado dos etapas significativas al respecto, a partir de la decisiva innovación del uso de señales transmitidas por medio de pulsos electromagnéticos. El primer instrumento de transmisión fue a través de un cable por el que se desplegaba una corriente eléctrica y se hacía pasar luego por una aguja, siendo patentado en los EE.UU. en 1837; Samuel Morse, el inventor del código binario (puntos y rayas), y llamado así código Morse, patentó su método en 1843 e implantó la primera red de telégrafos. Y después de que A.G. Bell hubiera allanado el camino, D.E. Hughes construía en 1878 el primer micrófono para un sistema telefónico. Pero el verdadero salto a un nuevo mundo fue el dado por Guglielmo Marconi a principios del nuevo siglo, en el 2 de diciembre de 1901, cuando éste se las arregló para transmitir un mensaje radiofónico desde Cornwall, en Gran Bretaña, al otro lado del océano, a la isla de Terranova, cerca de Canadá.

De este modo es que se suprimiera el cable de transmisión directa desde el transmisor hasta el receptor, inicialmente considerado como indispensable; el mensaje de radio, a través de las ondas del éter que lo portaban, tenía ahora una capacidad de expansión radial, al difundirse desde un punto preciso a todo su entorno y poder ser captado desde cualquier otro: su carácter se puede definir entonces de onnicéntrico, pues cualquier punto de transmisión o de recepción es un centro. El mundo entero venía así a envolverse en una red invisible de comunicaciones y nacía un nuevo mundo virtual.

II. LA HERENCIA DEL NOVECIENTOS AL DOS MIL: EL INTERNET

Durante el novecientos el uso de sistemas de conversión de mensajes en impulsos electromagnéticos mediante un código binario se vería también ex-

---

* Traducido del italiano por Juan Francisco Sánchez Barrilao.

tendido, tras la llegada de los ordenadores y la consiguiente aparición de la tecnología informática, a las comunicaciones a distancia mediante la telemática. También en este campo se advierte un progreso similar a lo señalado antes: con el recurso a los repetidores de televisión, y luego con el de los satélites, sería posible extender a todo el globo las telecomunicaciones vía éter. La contribución más reciente a esta tecnología es la proporcionada por el teléfono celular, con el que es posible transmitir mensajes en forma onnicéntrica, superando todos los límites de tiempo y espacio en la comunicación, pero limitándose a dos interlocutores.

Pero la gran novedad en el mundo de la telemática, que (por así decir) transmite el Siglo XX a lo que después surgiría en el dos mil, es la creación de una red mundial de transmisión electrónica, la *World Wide Web,* o la red de redes o Internet. Sin embargo ésta presenta todavía, conforme al actual estado de la técnica, una condición de empleabilidad que está entre el ochocientos y el novecientos, pues depende aún del uso de cables para su transmisión; no obstante, dichos cables coaxiales pueden portar una cantidad de información muy superior a la de los hilos telefónicos.

Es por ello que los problemas jurídicos relativos a Internet, y que son objeto de esta nota, hayan de distinguirse en dos categorías generales, de manera similar a lo que ya pasó en relación con los ordenadores, según que nos refiramos al hardware (es decir, a la maquinaria, a los instrumentos físicos de conexión) o al software (es decir, al contenido de la comunicación virtual).

III. LA ACTUAL LIMITACIÓN ESPACIAL DE INTERNET

Por supuesto que estos dos campos de cuestiones están interconectados entre sí, tanto en relación con el uso práctico de la transmisión a través de Internet, como al respecto de la regulación legal que aún continúa siendo diseñada según que se trate de uno u otro aspecto de la tecnología telemática: es decir, el equipo técnico y la estructura comunicacional. Por otra parte, y aunque para Internet, sigue siendo necesario hacer referencia al espacio y al tiempo, los cuales no pueden ser considerados independientes entre sí.

De acuerdo con una concepción doctrinaria ampliamente reconocida y una realización práctica aplicada por todo el mundo, la superficie del orbe terrestre está dividida en territorios que pertenecen y competen jurídicamente a cada uno de los Estados. Si bien las comunicaciones aéreas y la exploración espacial han llevado a los teóricos a operar una revisión radical de esta vieja ideología jurídica (basta pensar en la teoría de Kelsen sobre la soberanía del Estado en forma de cono, del centro de la tierra a la cúpula celeste), todavía se mantiene y se acepta que las infraestructuras de teletransmisión vía Internet estén sujetas a las autoridades administrativas (y legislativas, obviamente) del Estado en cuyo territorio se encuentren.

A través del control que permite sus funciones, las autoridades de vigilancia (que también pueden ser miembros del poder judicial) pueden, por tanto, intervenir en el circuito de información mediante sus medios de verificación, bloqueando el funcionamiento de la conexión de red telefónica. Y por ello que la red de Internet, aunque intensa en su poder de difusión, pudiéndose definir como policéntrica (pero no onnicéntrica, como sí sucede en el caso de las estaciones de radiodifusión o televisivas), todavía se encuentre sujeta a una limitación espacial. En un futuro próximo, sin embargo, ella sufrirá un profundo cambio cuando resulte proscrita la transmisión por cables y se proceda a una transmisión vía éter mediante repetidores desde el espacio. (Sobre la problemática actual, véase la detallada reseña que se encuentra en el volumen de F. CARDARELLI y V. ZENO-ZENCOVICH, *Il diritto delle telecomunicazioni*, Ed. Laterza, 1997).

IV. LA LIMITACIÓN TEMPORAL DE LOS MENSAJES VÍA INTERNET

Otra cuestión que asimismo se ha de tener en cuenta es la relativa a la superación de los límites temporales (dado que característica de la transmisión por Internet), pues la transmisión tiene lugar en tiempo real y permite la simultaneidad del envío y de la recepción del mensaje. No obstante, también es que surjan cuestiones jurídicas al respecto de la dimensión temporal de las comunicaciones; y ello, al venir el tiempo terrestre determinado por la rotación de nuestro planeta sobre sí mismo y en relación con el sistema solar. Así, un mensaje enviado a una hora determinada en un día determinado de Sydney, aunque llega de inmediato al receptor destinatario, no lo hace a la misma hora del mismo día si la otra persona se encuentra en Roma o en Nueva York: se produce entonces una disociación temporal, debido a la diferencia en la longitud, lo que puede afectar seriamente a la calidad del mensaje en cuanto a lo que se ha definido como estructura comunicacional.

No se trata así sólo de los términos contractuales, pues los plazos válidos de aceptación de propuestas o de su ejecución están indicados en los singulares ordenamientos jurídicos; es que la aceptación y la ejecución pueden además coincidir, como sucede en los contratos de bolsa con las operaciones de compraventa de acciones. Pero ello también se puede comprobar en otra variedad de casos fácilmente imaginables, como son: desde la consigna de una nota diplomática, a la publicación de una noticia periodística; o desde la información de la apertura o el cese de una actividad, a las disposiciones de última voluntad (con todo, véase el *post-scriptum*).

V. LOS DOS NIVELES JURÍDICOS DE INTERNET

El factor espacial presente en las comunicaciones por Internet se conecta a la relación estrictamente legal de la soberanía de los Estados individualmente considerados, a la par que a la sujeción de singulares ordenamientos jurídicos a convenios internacionales o, como sucede en el caso de la Unión Europea, a la aceptación del principio de subsidiariedad vertical en el sector de las telecomunicaciones. Y de este modo que se desarrolle una intrincada red de relaciones jurídicas, que toma también expresión en las decisiones jurisdiccionales tanto de tribunales nacionales, como de cortes internacionales.

Es así que, desde esta perspectiva, sea útil distinguir entre dos niveles diferentes al respecto de la consideración jurídica de las experiencias de Internet, según que la normativa se refiera a la infraestructura técnica de las comunicaciones, o a aspectos comerciales, penales o de orden público del contenido de los servicios de telecomunicación.

En cuanto al primer nivel, la regulación de su coordinación puede establecerse con acuerdos interestatales siguiendo una directiva unitaria; es el caso de la utilización de estándares en los servicios de telecomunicaciones en relación con la homologación de equipos terminales (según se define en la Directiva comunitaria de 23 de julio de 1986, núm. 361, e implementada en Italia con D.M. del Ministro de Coordinación de Políticas de la Comunidad de 28 de mayo de 1988, núm. 220, y con la Directiva CEE de 22 de diciembre de 1987, núm. 95, y que entraría en vigor en Italia el 8 de febrero de 1988).

VI. EL CARÁCTER METAPOLÍTICO DE INTERNET

Antes de llevar a cabo un examen detallado de los relevantes problemas jurídicos que presenta Internet, es conveniente destacar algunas de sus características.

Internet ha adquirido, rápidamente, un extensión a escala mundial, y esto de forma exponencial: es decir, no de manera progresiva, si no a partir de la multiplicación continua de sus usuarios; es por ello que no sea posible proporcionar información actualizada sobre su consistencia a día de hoy, si bien cabría evaluarse en orden a cientos de millones de personas.

Con todo, la red se ha expandido por todo el mundo, creando una verdadera globalización de la información, como también ha ocurrido con ocasión de las operaciones comerciales y financieras. Estas últimas son fenómenos de dimensión internacional, con las que Internet comparte un carácter fundamental: su condición de *metapolítica*; es decir, nacido como Arpanet para las necesidades de la defensa de los Estados Unidos a fin de conectar los centros militares en caso de ataque nuclear, se ha convertido al tiempo en una red de comunicación esencialmente entre privados, y que luego se ha extendido a la gente de todo el mundo. Por lo tanto, es que Internet vaya más allá de las fronteras de los Estados-nación, supere las barreras aduaneras, elimine las diferencias culturales entre los pueblos y juegue hoy un papel importante en el destino de la humanidad. Y ya que lleva a cabo una relación a nivel mundial entre personas de todas las clases, que cree o acredite una percepción común de la humanidad, conforme a la cual todo hombre puede identificarse con otro hombre.

Estas notas, que son muestra de los caracteres de Internet, contradicen algunos de los puntos de vista doctrinales tradicionales, aunque también confirman otros. No en vano, Internet ha creado la imagen de un mercado libre y sin fronteras, al que ni siquiera las teorías económicas más audaces han sido capaces de hipotetizar. Ella, por sí, ha realizado una forma de sociedad anárquica, consistente en relaciones entre distintos individuos en plena libertad (para una amplia panorámica, véase P. COSTANZO ahora, *Internet (diritto pubblico)*, en *Digesto disc. pubbl.*, IV ed., agg., Torino, 2000).

VII. CAMBIOS EN EL DERECHO A LA LIBERTAD INFORMÁTICA

Internet ha puesto también en evidencia un nuevo derecho individual de libertad personal, desconocido en la edad precedente: el derecho a la libertad de información. Esta fórmula, en su enunciación original de 1981, significaba que al ciudadano se le atribuía el derecho de disponer del uso de sus datos personales destinados al tratamiento informático. Es por ello que la ley estaba fuertemente dirigida a garantizar su derecho a la privacidad, o *right to privacy*, en defensa de la intimidad de una persona. Éste era, por tanto, un derecho que tenía carácter protector de la autonomía individual, mas en función de una demanda de protección pasiva frente a los detentadores del poder informático, ya fueran particulares o autoridades públicas.

Pero con Internet el significado original de dicha ley ha cobrado un sentido nuevo, en una posición dialéctica con la anterior; ha devenido en una pretensión de libertad en sentido activo, no como libertad *frente*, sino como libertad *de* y consistente en hacer uso de las herramientas informáticas para proporcionar y obtener información de todo tipo. Es el derecho a participar en la sociedad virtual, la cual se ha forjado a partir de la llegada de los ordenadores a la sociedad tecnológica: es ésta una sociedad de componentes móviles y de relaciones dinámicas, y en la que cada individuo participante es soberano en sus decisiones.

Es mediante las múltiples conexiones que supone Internet, que alcance una nueva proyección difusa uno de los principales derechos humanos reconocidos como tal: el derecho a la libertad de pensamiento y expresión reconocido a todos los hombres, y en su modalidad de libertad de comunicación. Ésta es una libertad diversa de la formulada en el art. 21 de la Constitución italiana, conforme al cual «todos tienen derecho a manifestar libremente el propio pensamiento mediante la palabra, la escritura y cualquier otro medio de difusión». Es así que ya no se trate sólo de la libre expresión de pensamiento del individuo, sino de la capacidad de establecer una relación, de transmitir y solicitar informaciones, de poder disponer sin limitaciones al nuevo dominio de conocimiento conferido por la telemática, y que sin embargo se niega y se reprime en ciertos Países.

VIII. EL LIBRE MERCADO DE INTERNET

Este nuevo poder social, que es el poder informático para recoger, almacenar, procesar y transmitir cualquier información, y que pueden referirse incluso a las personas y a su vida privada, representa un nuevo instrumento de control de las vidas de las personas, pues puede dar lugar a diversas formas de utilización de dichos datos respecto a fines diversos, e incluso desviados, de los inicialmente consentidos. A tales efectos, téngase en cuenta el fenómeno tan extendido en las avanzadas sociedades industrializadas de las tarjetas de crédito como medio válido de pago de compras, incluso respecto a operaciones a distancia a través de Internet. El nombre y el código del número de una tarjeta de crédito reenvían a toda una variedad de información: ellas se encuentran conectadas a una cuenta bancaria, y permiten la creación de ficheros de datos personales indicativos de la capacidad económica, de hábitos o preferencias en el consumo, de desplazamientos y de personas frecuentadas (al revelar la copresencia).

Ahora, y en relación con Internet, el uso de estos instrumentos de pago es el más difundido, pues permite la circulación de dinero electrónico y consiente una rapidez en el intercambio antes inconcebible. Mas, de otro lado, la paralela circulación de la información, que contiene o se deriva de las tarjetas de crédito, se presta también, sin embargo, al abuso de todo tipo con ocasión del robo o del mal uso de los datos. Asimismo se experimentan serias dificultades con ocasión de la resolución de conflictos de intereses, ya que si la venta se lleva a cabo entre un comprador y un vendedor residentes en países diferentes y distantes, devienen insuficientes los clásicos medios de resolución de problemas legales que suponen el recurso a los tribunales nacionales, de modo que se hace uso de diversas formas de arbitraje, y a una especie de nueva *lex mercatoria*.

La complejidad de las relaciones a través de Internet implica una serie de complicaciones en un mercado que puede decirse libre, pero no homogéneo; por ello es que se confirme el principio según el cual el mercado sólo puede considerarse verdaderamente libre si su libertad está protegida por normas y sanciones jurídicas.

IX. HACIA UN ORDENAMIENTO JURÍDICO MUNDIAL DE INTERNET

Aunque ya existe en el presente, en el horizonte jurídico del siglo que comienza, una legislación nacional italiana y una legislación comunitaria en relación con la regulación legal de las redes telemáticas, hay también un enfoque hacia su dimensión mundial: así, el informe presentado por el Comisario Europeo de Industria Martin Baugemann, de 26 de mayo de 1994, y significativamente titulado *Europe and the global information society - Recommendations to the European Council*; en él se formulaba ya el objetivo de una *Global Information Infrastructure*, y vendría a encarrilar, en los años siguientes, los trabajos llevados a cabo en las conferencias de Ministros.

El autor de estas notas, en trabajos anteriores, ha examinado los caminos tomados en el campo jurídico relativo a la telemática tanto a nivel nacional, como de la Comunidad Europea; a ellos, por tanto, se reenvía para un análisis crítico, pues no se considera apropiado repetir o reanudar dicho análisis en esta sede, donde Internet se sitúa en el centro de un horizonte más amplio. (Los ensayos en cuestión están ahora incluidos en el volumen de este autor, *Il giurista e le tecnologie dell'informazione*, ed. Bulzoni, Roma, 1998).

Sin embargo, debe reconocerse que el objetivo de ampliar al escenario mundial la regulación jurídica de Internet parece estar muy lejos de alcanzarse. Baste recordar a este respecto que sigue existiendo un marcado contraste entre la Comunidad Europea y los Estados Unidos de América, detentadores del mayor poder informático en el mundo; con relación al *Transborder Data Flow*, el flujo transfronterizo de datos personales, como libre exportación y circulación de estos datos, ya está sujeto a una protección especial en Europa, como sucede en Italia con la Ley de 31 de diciembre de 1996, núm. 675 y siguientes, y las disposiciones emitidas por el Garante de datos.

X. LA REGULACIÓN DEL COMERCIO ELECTRÓNICO A TRAVÉS DE INTERNET

En tiempos muy recientes, el problema del comercio electrónico internacional a través de Internet ha prendido un nuevo motivo de reclamo y de polémica en el mercado de valores, ante la incursión producida por empresas que operan principal o exclusivamente en el campo de Internet.

Se debe reconocer que el legislador italiano ha procedido, con el D.L. de 31 de marzo 1998, núm. 14, a regular el comercio electrónico, mencionado como tal en el art. 21 de la citada Ley; a ello se acompaña el documento relativo a las *Líneas de política industrial para el comercio electrónico* del Ministerio de la Industria, de julio de 1998, y conforme al cual el Ministerio ha establecido un Observatorio permanente para el comercio electrónico.

A nivel europeo hay que destacar la propuesta de Directiva promovida por el Comisario italiano Mario Monti, y aprobada el 18 de noviembre de 1998. Ésta, después de fijar las directrices para la regulación jurídica de la materia (de conformidad con el principio de subsidiariedad vertical consagrado en el Tratado de Maastricht), deja a los Estados miembros la realización de las modalidades concretas de aplicación mediante la definición de códigos de conducta, mas, por otro lado, proveyendo también la definición de reglas y herramientas jurídicas necesariamente requeridas para el desarrollo del comercio electrónico en todo el mundo.

Tal libertad de iniciativa económica *on line* no requiere de necesaria autorización previa y permite la celebración de contratos por vía electrónica, con la excepción de aquéllas que requieren la presencia de un notario público o han de inscribirse en una oficina pública. La propuesta también prevé una mayor protección de los consumidores y usuarios, y la creación de órganos de resolución de conflictos extrajudiciales a fin de resolver los conflictos de menor importancia por vía electrónica.

XI. PATOLOGÍA DE LAS COMUNICACIONES VÍA INTERNET

Los servicios para el intercambio de la muy diversa información que proporciona Internet tienen un carácter, como se ha dicho, metapolítico (o cosmopolita, si se prefiere), en cuanto que se extienden más allá del ámbito territorial de los Estados; pero ello, sin perjuicio de un ejercicio ordinario de control por la autoridad pública a fin de prevenir o reprimir ciertas formas de delincuencia, referidas tanto a la gestión técnica de las transmisiones como al contenido de los mensajes.

La civilización tecnológica, de hecho, es también portadora, al igual que cualquier otra experiencia histórica de la humanidad, tanto de beneficios como de perjuicios; y entre estos últimos indicamos, y con especial referencia al favorecimiento consentido por Internet en las comunicaciones y la difusión de conductas ilegales, el infame comercio internacional de menores para satisfacer los deseos de pedófilos, y la peligrosa propaganda de métodos y medios de destrucción a manos de terroristas.

No es fácil contrarrestar las informaciones criminales que se transmiten en el ciberespacio por el que se desarrolla la actividad de Internet, pues en el intento de limitar los daños se corre el riesgo de comprometer la propia energía que impulsa Internet: la libertad de información.

Considérese así, por ejemplo, el caso de la *Computer Decency Act*, ya vigente en los Estados Unidos para la protección de programas en relación con delitos contra la decencia, y que fue declarada inconstitucional con una larga y elaborada Sentencia de 26 de junio de 1997 del Tribunal Federal en cuanto que contraria a la Primera Enmienda de la Constitución (según la cual el Congreso no puede aprobar leyes que restrinjan la libertad de expresión de los ciudadanos).

Al respecto de Italia, hay que tener en cuenta el D.M. del Ministerio de Correos de 13 de julio de 1995, núm. 385 (llamado el Decreto Fumagalli por el nombre del Subsecretario de la época, Ombretta Fumagalli), que contenía una lista estricta de prescripciones y prohibiciones de carácter ético relativa a la transmisiones dirigidas a los menores: «no deben inducir al usuario a utilizar alcohol, tabaco, drogas o medicamentos, y de ningún modo pueden presentar formas y contenidos de carácter erótico, pornográfico u obsceno».

XII. DOS CONCEPCIONES DEL DERECHO TELEMÁTICO

Existe ya una amplia literatura sobre los problemas jurídicos que suscita la aparición de Internet (en 1993), y más en general sobre los que vienen aflorando en el espacio jurídico abierto por la realidad virtual; es así que hablemos ahora de *cyberlaw*, como nuevo sistema jurídico del mundo virtual. La cuestión que se plantea es, sin embargo, la siguiente: ¿el Derecho de Internet consiste en una mera extensión y adaptación del preexistente a nivel nacional, comunitario e internacional a las nuevas necesidades que supone el nuevo sistema de telecomunicaciones? ¿O bien requerirá la composición de un nuevo Derecho, en correspondencia y en coherencia a las innovaciones tecnológicas de las conexiones en la red global?

Como es obvio, muchas de las aportaciones de la doctrina y de la práctica jurisprudencial pueden asimismo contribuir en relación con el régimen jurídico de Internet. De hecho, se ha afirmado (por Guido ALPA, en su prólogo al volumen *I problemi giuridici di Internet*, coordinado por Emilio TOSI, Giuffrè, 1999): «El espacio cibernético y los sistemas de navegación dentro de él no parece diferir, salvo en la técnica y en la materia, de otros espacios a los que se ha dedicado el jurista, tales como el espacio marítimo, o el aéreo, o el espacial». Sin embargo, y como reconoce el propio autor que hemos citado, existen relevantes elementos novedosos que no consienten una reducción de los problemas rebelados en el lecho de Procusto de la enseñanza anterior. Por el contrario, se puede ser de la opinión de que se deba dar lugar a una verdadera codificación del *cyberlaw*, pues el elemento fundamental de la novedad es el hecho de que Internet sea un mercado de informaciones y de intercambios económicos a un nivel verdaderamente planetario, y por tanto sea necesario establecer un código global al igual que para las Naciones Unidas fue necesario establecer un sistema de relaciones internacionales nuevo y distinto a cualquier otro. De hecho, sería precisamente competencia de las Naciones Unidas proceder a la creación de una comisión especial y proveer a la preparación de un código de este tipo que se sometiera luego a la aprobación de todos los Estados, ya que el horizonte mundial es el que marca el horizonte jurídico de Internet.

XIII. *POST SCRIPTUM*

Después de escribir este ensayo, he tenido noticias de dos hechos significativos para las observaciones aquí contenidas. El primero de ellos es la Sentencia dictada el 22 de mayo de 2000 por la Corte de París, la cual, en base a una ley francesa, impone al portal norteamericano *Yahoo!* apagar para todo el territorio francés un sitio web de venta de objetos nazis, afectando así el carácter internacional de la comunicación por Internet. Y el segundo es la exitosa implementación de una propuesta realizada por el Prof. Nicholas Negroponte (del Instituto Tecnológico de Massachusetts) para establecer un meridiano virtual a fin de medir el tiempo en Internet de manera separada al meridiano de Greenwich. El *Swatch Group*, el conocido productor suizo de relojes, ha creado un meridiano virtual en Biel y un reloj homologado a él. La nueva medida de tiempo propuesta consiste en una subdivisión de las 24 horas en milésimas, llamadas «beat», y que se corresponden a 1,24 minutos (86,4 segundos); los nuevos relojes, también llamados «beat», están homologados para dicho meridiano virtual, marcando así todos la misma hora en cualquier zona horaria.

APÉNDICE II

PROBLEMAS JURÍDICOS DEL DESARROLLO DE LA INFORMÁTICA Y DE LA INFORMACIÓN

I. UNA NUEVA FORMA DE ENERGÍA

La característica sobresaliente del desarrollo de la información, o sea, de la comunicación inmediata o simbólica de un mensaje, que se ha verificado en el mundo actual de la civilización ha llegado a ser el elemento primario de la informática. Con este término, que es acuñado en Francia en 1962 por Felipe Dreyfus, se pretende comúnmente designar la técnica de memorización artificial, de elaboración (o sea, de descomposición y recomposición), de transmisión instantánea a distancia incluso muy considerable (en hipótesis teórica, ilimitada) de una serie de informaciones en el lenguaje del calculador electrónico. Se trata por consiguiente, de una nueva técnica de producción y distribución de la información como mercancía, por lo cual la información deviene cuantitativamente mensurable y puede recibir un valor económico de mercado.

La informática señala, por esta razón, una tercera fase en la historia de la comunicación hablada del hombre. La primera fase ha sido la de la palabra oral, es decir, la del lenguaje no gestual, sino fonéticamente articulado según ciertas reglas socialmente aceptadas. La segunda fase ha sido la de la palabra escrita, es decir, del lenguaje separado de su expresión natural de comunicación de hombre a hombre, de audible transformado en visible, realizado, es decir, hecho una cosa, un objeto que puede sobrevivir a los hombres qué lo hablaron (como el caso de las así llamadas lenguas muertas) y que puede ser transmitido en el tiempo y el espacio sin necesidad de ser transportado por el hombre (como es el caso del manuscrito contenido en una botella). La tercera fase, que ha sido preparada por el desarrollo del lenguaje matemático, es la del lenguaje electrónico como conjunto de señales simbólicas de palabras, que no es un lenguaje hablado ni escrito, sino que se trata de un metalenguaje comunicado por medio de las máquinas; se podría decir: de un lenguaje totalmente artificial.

La informática representa de tal modo la conquista de una nueva forma de energía, no física sino intelectual, de la Humanidad, que nos acrecienta y multiplica de manera inesperada la posibilidad del desarrollo científico y social.

II. UNA NUEVA FORMA DE PODER

Como toda forma de energía, física o psicológica, también la energía intelectual de la informática constituye una forma de poder. Quien posee mayor fuerza de músculos, o mayor fuerza de voluntad, o mayor dominio de conocimientos, prevalece sobre quien posee en menor grado estas cualidades, al compararlas. Quien posee un instrumento que le provee de una capacidad mayor que la de los demás, tiene un mayor poder: por ejemplo, un soldado provisto de un fusil con punto de mira está en condiciones de superioridad sobre el que tan solo posea un fusil. En el caso de la informática, para entender el grado de poder que confiere, puede ser indicativa una comparación entre la civilización con escritura y la civilización sin escritura.

Es claro que la existencia del factor escritura ha sido condicionante para el desarrollo de la civilización europea, aun en el sector tecnológico, y ha consolidado la superioridad de ésta sobre las otras civilizaciones con las que ha estado en contacto.

Una demostración evidente de la importancia de la informática como factor de conocimiento y de poder es la ofrecida por su estrecha conexión con el desarrollo de la tecnología americana en la segunda mitad de este siglo. En la Unión Soviética, en la cual, en sus comienzos, la informática fue condenada y combatida como ciencia burguesa, después de la muerte de Stalin, se consiente y favorece su estudio y aplicación como factor indispensable del desarrollo de la sociedad soviética.

Este nuevo poder puede ser concentrado o difundido en una sociedad, confiado a la iniciativa privada o reservado al monopolio estatal, concebido como un nuevo tejido cohesionador de la sociedad civil o como un instrumento de sumisión universal, y sobre esta alternativa de empleo de la nueva técnica de conocimiento y de poder se juega el destino social del hombre de hoy.

III. UNA NUEVA FORMA DE PRODUCCIÓN

La informática, en cuanto información artificial o técnica de la información por medio de calculadores electrónicos, ha asumido el significado de una nueva forma de bien económico. Junto a los tres sectores tradicionales de la agricultura, de la industria y de los servicios, es reconocida hoy la existencia de un cuarto sector, o sector cuaternario, que es el de la información. A él pertenecen las técnicas de producción de la información de masa o *mass-media*, como los periódicos, el cine, la radio, la televisión y, finalmente, la informática: que es, además, una forma de producción de la información comercializada y destinada a un consumo de masa.

La información como tal ha tenido siempre un valor económico: el ejemplo más famoso es el de la información que es pagada con treinta denarios. La informática es, sin embargo, una información a la que se anexiona una plusvalía de capital por su producción en forma de mercancía o servicio: ya que, como otros bienes económicos, también la información puede ser acumulada o permanecer aislada, y requiere una ingente concentración de recursos para ser elaborada, como informática.

De su importancia económica bastará decir que la electrónica —o sea, la producción y distribución del *hardware,* o material electrónico, que es el instrumento para el uso del *software,* o material informativo, reúne hoy una dimensión en los países de civilización industrial avanzada (Estados Unidos, Europa occidental y Japón) que se coloca en el tercer lugar, después de la industria petrolífera y de la automovilística. Se prevé que llegará a ser el factor decisivo de toda la economía en los años del segundo milenio.

Lo que importa observar en este tema es que la información puede ser considerada no solo como un bien económico, sino, además, como un bien jurídico, precisamente porque es hoy un elemento del mundo del trabajo de producción: la investigación, la posesión, el cambio y el uso de las informaciones elaboradas en forma simbólica con el lenguaje de los calculadores electrónicos —o sea, la informática— han adquirido un definitivo alcance jurídico y han dado origen a la disciplina de la informática jurídica.

IV. EL DERECHO A LA INFORMACIÓN

En la doctrina jurídica de Estados Unidos, en primer lugar, y después también en la europea, se ha asistido, en el curso del último siglo a la creación de una nueva problemática jurídica conectada a los problemas de la información. El punto de partida es señalado por el famoso artículo de Samuel Warren y Luis Brandéis titulado «The Right to Privacy» y publicado en la *Harvard Law Review,* en 1890. En él era negado el derecho (en este caso específico: el de los periódicos de Boston) a difundir noticias sobre la vida privada de una persona (el mismo Warren) para informar a los lectores. Sucesivamente, sin embargo, el mismo problema se presentó trastornado o, por mejor decir, en forma especular y simétrica; al derecho a la intimidad se contrapuso la exigencia de una información pública, esto es, el derecho de conocer de la opinión pública, que es fundamental en una sociedad democrática. El derecho a la información presentó así dos aspectos: de una parte, el derecho de informar, o sea, de difundir noticias; de otra parte, el derecho de ser informado, o sea, de exigir noticias.

El derecho a la información encuentra un límite en el derecho a la intimidad; pero él se configura, además, como un nuevo derecho público subjetivo, que es la libertad de información. Tal libertad civil considera las varias cuestiones atinentes a la publicidad de la noticia, ya se trate del sector privado o público, y se dirige a establecer los límites, las garantías y el criterio de empleo de la información en la elección entre el secreto y la publicidad, entre los obstáculos y los incentivos a la información. El campo de aplicación de esta libertad ha llegado a ser cada vez más extenso; basta pensar en los problemas del derecho de reproducción de la imagen, de interferencias telefónicas, de transmisión y recepción de programas televisivos, de control sobre las opiniones religiosas o políticas de los súbditos, etc.

V. LA TUTELA DE LA INTIMIDAD

Los problemas del derecho de la información han adquirido una nueva dimensión con la creación de la informática.

Sobre todo en el cuadro tecnológico de la sociedad contemporánea, la agresión más insidiosa, aunque indirecta, dirigida a la tutela de la vida privada es la determinada por el empleo de los calculadores electrónicos, instrumentos perfectamente impersonales, a diferencia de todos los otros medios de observación y de control, cuyo uso exige y establece un ligamento entre individuos observadores y observados. En lo teórico –aunque la realidad tiende rápidamente a adaptarse a la teoría– sería posible registrar, memorizar y elaborar todos los datos significativos de la vida privada de todos los pertenecientes a una población: una suerte de Juicio Universal.

El fenómeno se verifica en diversos sectores; en cuanto se refiere a todos los datos relativos a los beneficios y operaciones comerciales y financieras, a través de la institución de un registro electrónico fiscal; en lo que respecta a los datos que se refieren a la salud física y psíquica de los atendidos por la asistencia médica socializada, a través del registro sanitario; en lo que respecta a las adquisiciones individuales con el uso de los títulos de crédito, que está siendo más difundido y tiende a sustituir el uso de papel moneda, mediante los adecuados calculadores, etc. Se puede, por consiguiente, comprobar una progresiva «computarización» de la vida privada, no solo en cuanto se refiere a la cantidad numérica de los individuos fichados, sino también respecto a la particularidad, siempre más detallada y precisa, de las informaciones que les conciernen.

La panorámica de las iniciativas, de los proyectos y disposiciones de leyes, de los estudios críticos y preparatorios, todos los relativos a la tutela jurídica de la libertad individual, o *privacy,* es hoy bastante amplia y variada, y su examen excede a nuestro estudio específico. Nos limitaremos a hacer observar que en Italia, en conformidad con la resolución votada el 21 de febrero de 1975 por el Parlamento europeo, se ha nombrado el 28 de octubre de 1976, por el Ministerio de Gracia y Justicia, un «Comité de estudios para libertad individual y la informática», que no ha concluido, sin embargo, todavía oficialmente sus trabajos. Falta de cualquier manera, en Italia, una legislación en torno a la informática.

VI. LA EXPERIENCIA LEGISLATIVA ALEMANA

Sin proceder a una reseña, país por país, de la nueva configuración jurídica asumida por el problema de la informática como una nueva dimensión del desarrollo de la sociedad tecnológica, nos limitaremos a recordar los hitos sobresalientes de una experiencia que se puede considerar ejemplar en Europa: la alemana.

El 17 de octubre de 1970, el Parlamento de la región de Hesse, *(Hessicher Landtag)*, de la República Federal Alemana, aprobó una ley que instituía un *Datenschutzbesuftragter*, o sea, un comisario para la protección de las informaciones recogidas en bancos de datos. El comisario, sin embargo, ocupó el cargo solo unos años después, en 1975, y presentó su primer informe al Parlamento el 10 de febrero de 1976, una fecha que es recordada por los juristas porque señala un encuentro decisivo entre la informática y la justicia. El 15 de noviembre del mismo año 1976 es aprobada por el Parlamento federal la Ley federal sobre la protección de las informaciones, que ha entrado en vigor el 1° de enero de 1978, y en la cual ha sido instituida la figura del comisario federal. La misma ley ha dispuesto con tal motivo, además, la creación de un «responsable de la información» en toda administración que proceda a la elaboración automática de datos personales y que a este fin utilice al menos cinco empleados (art. 28). De este modo, a la figura del comisario público (federal o regional) corresponde la del responsable privado de la gestión de las informaciones. La ley sobre la protección de las informaciones tiene el objeto de «impedir el daño a los bienes dignos de tutela del sujeto interesado, protegiendo los datos relativos a su persona de los abusos de la memorización, trasmisión, modificación y cancelación en las elaboraciones de datos» (art. 1). La misma ley dispone que ningún dato memorizado por los funcionarios públicos pueda ser transmitido a los privados, salvo en el ejercicio de una actividad institucional. Aun en el caso de elaboración de datos personales, realizada en una administración privada, está prevista una rígida disciplina: siempre es necesaria, en efecto, la autorización del interesado para proceder a la elaboración, y el *Datenschutzbesuftragter* administrativo es responsable de esto. Para la inobservancia de la ley son previstas penas de privación de libertad y pecuniarias.

VII. NOTICIAS DE AMÉRICA

Como es sabido, la informática nació en los Estados Unidos de América, aun cuando a su nacimiento han colaborado padres de origen europeo. Se ha recordado que en Washington, en 1962, en la Antitrust División del Department of Justice, entró por primera vez en funcionamiento un calculador electrónico, llamado LEX, equipado de un programa de elaboración de datos jurídicos, de carácter fiscal: desde entonces ha hecho su aparición en la historia de la administración pública este nuevo tipo de funcionario, provisto constitutivamente de un celo excesivo.

Los problemas jurídicos conexos al desarrollo de la informática han tenido en Estados Unidos un amplio y variado desarrollo. Puesto que no es posible aquí trazar, ni siquiera rápidamente, un diagrama del mismo, nos limitaremos a referir el actual punto de llegada, marcado por la más reciente novedad. Consiste ésta en una de las últimas leyes votadas por el Congreso, a finales de 1978, el Financial Institutions Regulatory Act (A. R. 14279), que contiene las primeras normas sobre sistemas de transferencia electrónica del dinero y sobre la relativa tutela de la *privacy*. Se exige al Instituto Financiero, encargado de efectuar la transferencia por medio del EFT (Electronic Funds Transfer), informar al usuario de los derechos, responsabilidad y ventajas derivadas de tal uso, estudiar los métodos para prevenir abusos y errores, dar curso inmediatamente a una comprobación escrita de todas las transacciones, hacer extractados cálculos periódicos. El usuario tiene a su disposición sesenta días para denunciar los errores; el Instituto tiene diez días para justificarse y corregirlos.

Para la tutela de la *privacy* está previsto que toda autoridad gubernativa (departamento o agencia autónoma) notifique al ciudadano las propias peticiones hechas a un instituto financiero de informaciones. Tales peticiones, al menos en los casos particulares como los derivados de las razones de seguridad, pueden desarrollarse solo según un procedimiento preestablecido, para lo que es solicitada la autorización del mismo ciudadano o una autorización expedida por un tribunal.

Tal ley es una confirmación de la atención con que es seguido en América el rápido crecimiento del sector informático, que está en continua expansión e infiltración en los más diversos campos de la actividad económica y social. Ciertamente, los problemas son afrontados con método empírico antes que sistemático, a diferencia de lo que sucede en Alemania.

VIII. CONTROL JURÍDICO DE LOS ORDENADORES Y DE LOS PROGRAMAS

Entre estos problemas, el mayor es el de definir un régimen jurídico de los calculadores y de los programas. Es necesario crear una conciencia informática que esté fundada sobre un conocimiento preciso de los datos estáticos y en movimiento en este sector: se comienza, pues, con proceder a una creación de un registro electrónico de los mismos calculadores, imponiendo la obligación del registro en el acto de la adquisición. Se conoce que en Italia están sujetos a tasa de registro no solo los aviones privados, los automóviles y los televisores, sino también las máquinas frigoríficas. La propuesta, avanzada ya otras veces por el que escribe, no es provocada por un masoquismo fiscal, sino por la exigencia de un control estadístico y jurídico de la incidencia actual de la informática en el desarrollo del sector cuaternario de la economía y en la funcionalidad de la Administración pública. Pero tal propuesta, referida al *hardware,* será sucesivamente extendida al *software:* y puesto que este es un problema que interesa en particular a las pequeñas y medianas industrias, que son los usuarios más numerosos, convendría detenerse a examinarlo. Puesto que no basta preocuparse de la protección jurídica de los datos conexos a la libertad personal, como ha hecho hasta ahora en gran parte la literatura jurídica: es necesario ahora empezar a ocuparse de la protección jurídica de la invención, del uso y del cambio de los programas de elaboración de datos.

El problema se ha presentado ya en Estados Unidos: en efecto, en el Estado de California existe una tasación de la cuenta y empleo de servicios informáticos desde 1972. Pero, a fines de 1972, la New York State Tax Commission ha establecido que los servicios informáticos estén exentos de tasas, mientras el Department of Revenue del Tennessee ha opinado que los programas de computador deben de considerarse como *tangible personal property* y están sujetos, por lo tanto, a las tasas de venta y de uso.

IX. PROBLEMÁTICA JURÍDICA DE LA INFORMÁTICA

La exigencia de un control jurídico de los bienes informativos ha sido advertida desde los comienzos de los años setenta; en una relación suya del 20 de mayo de 1970, el secretario general de las Naciones Unidas propone emprender un estudio sobre las formas apropiadas de protección legal de los programas y sobre la posibilidad de acuerdos internacionales sobre el tema, con preferencia a las facilidades de acceso para los países en vía de desarrollo a la información por mediación del *software.* Fue nombrada una adecuada comisión consultiva de expertos gubernativos, que confió la tarea de la redacción de un proyecto de ley al Internacional Bureau de la Organización Mundial de la Propiedad Intelectual (WIPO). Los trabajos de redacción del proyecto de ley y de la relación anexa se concluyeron en 1977, y los resultados fueron publicados en 1978.

En el modelo legislativo que ha sido presentado, las cuestiones sobresalientes parecen ser dos: 1) la exigencia de una especial tutela jurídica de los programas y de la relativa documentación; 2) la oportunidad de que cualquier sistema de protección legal deba comprender en su propio ámbito el registro y depósito del *software* o la observancia de otras formalidades dirigidas al mismo fin. Y, por consiguiente, un tratado internacional para la tutela del *software* debería establecer un nivel mínimo de tutela jurídica y el reconocimiento, por parte de los países contratantes, de los efectos del registro y el depósito internacional del *software.* Estamos todavía en el campo del *iure condendo,* y también auspiciando una colaboración internacional al respecto que pueda ejercitarse en el doble plano de una homogeneidad de direcciones legislativas en los varios ámbitos nacionales y de la consecución de un acuerdo con instrumentos diplomáticos entre los varios Estados interesados; no consideramos oportuno adentrarnos en el análisis del proyecto de ley propuesto, que no posee aún ninguna validez ni eficacia y que representa por esto una *spes iuris.* Preferimos más bien tomar en consideración los problemas actuales y relativos a la reglamentación jurídica de la producción informática en la situación italiana, porque ésta puede ser indicativa de la dificultad que hay que superar para llegar —obviamente antes en el ámbito nacional que internacional, así en Italia como en otros países— a una protección jurídica del bien informático.

X. EL *SOFTWARE,* OBJETO DE PATENTE

Es conocida para los juristas la dificultad que la doctrina y la práctica de la jurisprudencia del siglo XIX encontraron al afrontar, cuando se presentó, el problema de definir el carácter de bien jurídico o económico de la energía eléctrica, considerada invisible o, sin más, inmaterial: de manera que el problema del uso y del hurto de la energía eléctrica fue resuelto con retraso por la experiencia. En el campo del derecho a la información, un problema bajo ciertos aspectos análogo fue el representado por la interceptación telefónica, a la que no se llegaba a configurar con el carácter del delito, ya que no era una sustracción verdadera y propia de energía: de esta forma se puede oír una conversación telefónica entre terceros sin interrumpirla y, asimismo, sin pretenderlo: hasta que no se provee a defender de injerencias foráneas la esfera de la *privacy* con leyes adecuadas (en Italia, con la ley de 20 de septiembre de 1974). No menos complicado se presenta aún hoy el problema de la tutela jurídica de la propiedad del *software.*

Recordemos brevemente que el *software* se distingue en tres tipos: primero, el de base, compuesto de instrucciones incorporadas a un soporte legible de la máquina que permite su funcionamiento; en segundo lugar, el aplicativo, que consiste en el programa que el usuario tiene interés en que sea seguido; en tercer lugar, el auxiliar, compuesto de materia que no forma parte ni del primero ni del segundo, como por ejemplo, las instrucciones para el uso.

Se trata, pues, en todo caso, de informaciones, y por esto la materia está excluida del campo de aplicabilidad del artículo 2585 del Código Civil, que define el objeto de la patente, y según el cual «en el caso de aplicación técnica de un principio científico (...) la patente está limitada a solo los resultados indicados por el inventor». O sea se puede patentar el proceso que viene realizado bajo la directiva del programa, pero no este último por sí mismo. En el caso del *software* de base, se puede patentar el calculador *(hardware),* del que aquel constituye la estructura material; pero en el caso en que se pudiera patentar un programa aplicativo no se podría en la práctica tutelarlo, porque la patente consiente reproducir y distribuir el programa patentado, pero prohíbe utilizarlo; se debería por esta razón perseguir como imitador a todo utilizador del mismo.

La dificultad de recurrir a la patente para la tutela legal del programa no es solo italiana, sino que se encuentra en la legislación o en la práctica judicial, además, de otros países.

XI. LA PROTECCIÓN DEL DERECHO DE AUTOR O *COPYRIGHT*

De diversa manera se configura la protección que pueda ser acordada del derecho de autor, que en Italia es establecido por los artículos 2575, 2576 y 2577 del Código civil. En efecto, mientras que la patente concedida a una invención protege la novedad de su núcleo intelectual, su individualidad, como se protegería el derecho a la existencia de cada persona, el derecho de autor protege, por el contrario, la fenomenología expresiva y no su contenido como tal; se podría decir, con una metáfora irónica, que protege la figura corpórea y no el alma de la obra. Por ejemplo, un diccionario de la lengua italiana puede ser objeto de protección jurídica, y del mismo modo puede serlo, por consiguiente, un programa de *software.*

Se presenta, sin embargo, un problema de súbito, que expondré con una metáfora irónica: es difícil tutelar de este modo el empleo en exclusiva de un programa, al igual que sería difícil tutelar una receta de cocina para preparar un plato complicado y colocarlo fuera de la curiosidad de probarlo. En realidad, mientras que el monopolio intelectual comporta la prohibición de la utilización de la invención protegida, el derecho de autor impone la prohibición de imitación, confrontación o duplicación de la obra, pero no el de valerse de su contenido informativo. No se puede transcribir y publicar la receta, pero se puede ponerla en práctica en la cocina.

Se ha discutido todavía, especialmente en la literatura jurídica de Estados Unidos, sobre la posibilidad de ampliar el contenido del *coryright* y de extender su ámbito, además, a su aplicación: en efecto, el registro, aunque parcial, de un programa en la memoria de trabajo de un calculador para su ejecución constituye en la práctica una forma de reproducción del programa mismo y, por tanto, con tal que no sea dado un preventivo consentimiento, su utilización podría configurarse como violación del *copyright*. Tesis un tanto ingeniosa que, en realidad, procede a una combinación entre patente y *copyright*, pero que hace surgir una considerable dificultad, en cuanto que la utilización del programa no está ciertamente en concurrencia con el programa mismo en su difusión: que es exactamente el bien que el *copyright* pretende proteger.

XII. ¿EL *SOFTWARE* COMO SECRETO INDUSTRIAL?

Una tercera vía de solución del problema para asegurar una tutela jurídica a los programas de *software* aplicativo, que hasta ahora ha sido solo bastante cautamente intentada por la doctrina, sería la de considerar el programa como secreto industrial, cuya protección del sistema jurídico italiano está prevista por el artículo 623 del Código penal, en el cual se hace referencia a la «invención científica» y a las aplicaciones industriales que de ésta pueden derivarse. No es posible adentrarse en la intrincada problemática que la apertura de una símil perspectiva comporta, y que en la doctrina jurídica italiana ha sido recientemente considerada como estrictamente conectada al «derecho a la información sobre el proceso productivo», por sus implicaciones y consecuencias en el campo contractual en las relaciones entre la empresa y los trabajadores. Nos limitamos, por esto, a indicar la posibilidad de que para los programas informativos sea puesta a punto una disciplina jurídica que consienta la tutela de la intimidad: no ya de la persona privada, a la cual se hace referencia generalmente, sino la de los propios programas, de la misma manera que sucede con el secreto industrial.

Se puede objetar que el fin de una reglamentación legislativa del sector de la informática, sea en el campo interno o en el internacional, debería ser, por el contrario, el de promover, extender, garantizar el derecho a la información, a la libre circulación dentro y fuera de las fronteras de las noticias y de los datos, a su utilización cada vez más extendida, en vez de su restricción; a su cuidadosa posesión o, sin rodeos, a su reducción a instrumento del poder tecnocrático. Pero el problema, ahora como siempre, es propiamente el de señalar una línea móvil de frontera entre lo privado y lo público, entre la *privacy*, que es también la del inventor y el usuario, y la publicidad de la información. Para obtener que la disponibilidad de un programa sea siempre más abierta, su aplicación más difundida y que, en conjunto, sea tutelado el bien económico que representa, no basta solo mantener la relación sobre el plano contractual entre personas privadas; es necesario un órgano adecuado de control jurídico, junto al que sea colocado un depósito para los registros, y al cual se dirija el usuario para la utilización del programa aplicativo del *software*. De esta forma, el derecho de la informática llegaría a ser una nueva forma de actuación del derecho a la información.

NOTA BIBLIOGRAFICA

Para los apartados I, II y III: Cf. los capítulos I, II y III de este volumen.

Para los apartados IV y V: V. FROSINI, *Privatezza, controlli elettronici, banche di dati,* en *Enciclopedia delta Scienza e della Tecnica,* Annuario 1974, Ediz. Mondadori, Milano 1974; A. LOIODICE, *Informatica, banche di dati e diritto all'informazione,* en *Studi in onore di C. Mortati,* III, Ediz. Giuffrè, Milano 1977, 541ss.; A. E. PÉREZ LUÑO, *Cibernética, Informática y Derecho,* Publicaciones del Real Colegio de España, Bolonia 1976.

Para el apartado VI: V. FROSINI, *Giustizia e informatica,* en *Informatica e Diritto,* a. III, 1977, 1ss.

Para el apartado VIII: *Datamation,* Jan. 1978, 201-203.

Para los apartados IX, X y XI: *Relazione e schema di legge sulla protezione del software redatta dal WIPO:* Notiziario di Informatica della Camera dei diputati 6 (decembre 1978); C. FALCETTI , *La protezione giuridica del software:* Quaderni di Informatica 3 (1975), 29-35; 4 (1975), 36-41.

Para el apartado XII: N. MAZZACUVA, *La tutela penale del segreto industriale,* Ediz. Giuffrè, Milano 1979.

CIBERNÉTICA, DERECHO, INTERNET Y SOCIEDAD,
de VITTORIO FROSINI se imprimió
en la República Argentina en julio de 2019.

Made in the USA
Monee, IL
09 October 2026

65315270R00074